すまいのかたちからできた漢字

門からできた漢字のいろいろ

のかたち

門に口をつけているかたち

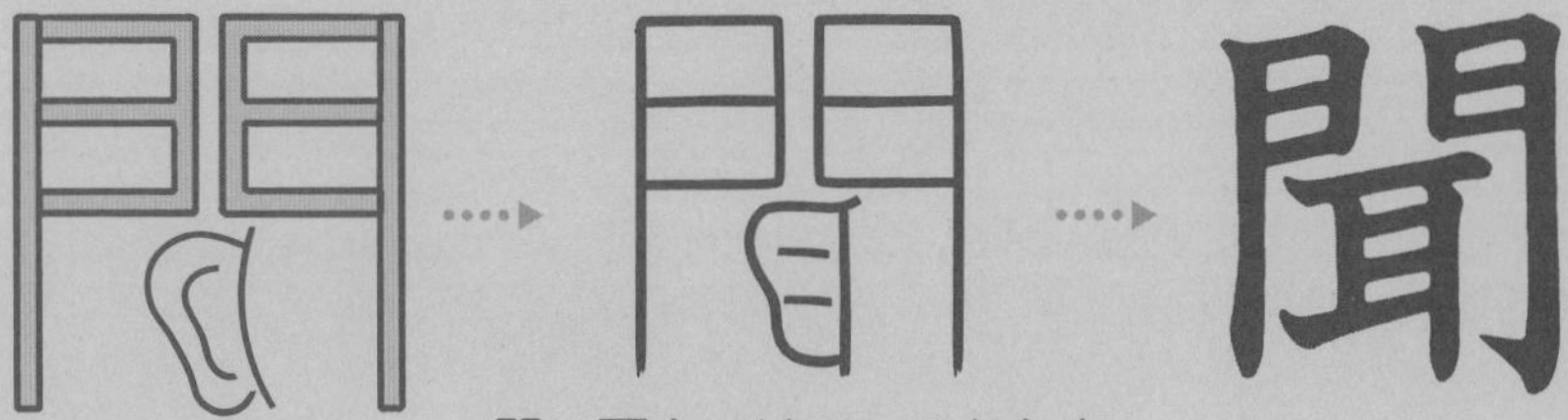

門に耳をつけているかたち

門のかんぬきを両手ではずすかたち

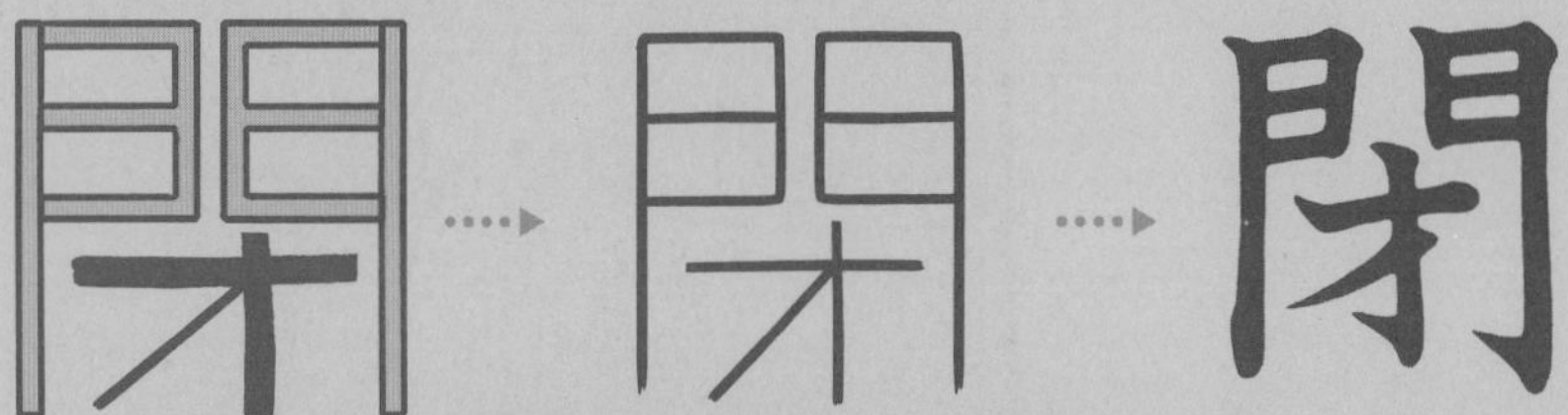

門にかんぬきをかけるかたち

下村 昇の漢字ワールド③

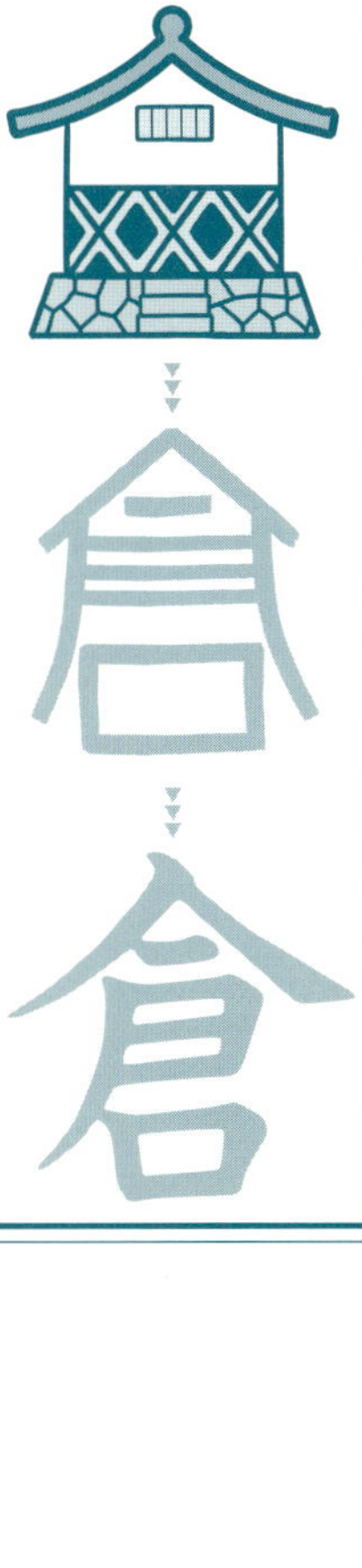

口唱法とその周辺

現代子供と教育研究所・所長
下村 昇＝著

高文研

❖目次❖

第四章

口唱法は行動的学習法

第五章

漢字の要素と唱え方の約束

第六章

口唱法の具体例を紙上公開

第九章 書き順なんてこわくない

第十章 口唱法による「筆順の決まり」早わかり

第一章

不安を解消しよう＝字体と漢字の正誤

口唱法とその周辺

「文字を覚える」と「文字を習う」

わたしは、多くの父母から、漢字教育、ことに文字の教え方について、いろいろな質問を受けてきました。質問とはいっても、その内容は学校教育の中での、指導者への不満です。ことにテストのマルバツへの不満、すなわち、漢字のテンの打ち方の向きが違ったためにバツになっていたけれど、わが子の書いたこの書き方では本当に間違いなのか。「飛」のこの曲げ方では誤りなのか……。こうした質問が多いのです。

漢字の「書き」についての悩みは、子供や保護者ばかりでなく、わたしたち大人が漢字を書く際に、自分自身の悩みとして続いている問題でもあります。それが教わった学校への不信感につながるとか、教師不信を招きかねないところにまでいっているのです。

大人でさえ、「跳ねるか、跳ねないか」「長いか、短いか」「一本多いのか、少ないのか」といったようなことに自信がないのですから、子供への教え方やわが子の受けたテストなどについての、教師と父母との暗闘（？）が、人間不信にまでつながっていくのです。そうした内情を知るにつけても、今の大人は、子供のころどんな漢字指導を受けていたのか、今の子供たちは、日ごろ、どんな指導を受けているのかと疑問に感じてしまいます。

三〇代、四〇代の母親が「わたしたちの子供のころとは違うから……」と言います。書き順を指して言う言葉です。書き順など何十年も変わってはいません。それなのに、さも古い人間のような言い方をするのですから、「えっ！」と思ってしまいます。

話を進めるにあたってまず、「文字を習う」ということと、「文字を覚える」ということの違いについて考えてみましょう。

この両者の意味内容にはかなりの違いがあるように思われます。ふつう、文字を「覚える」というと、文字を読んだり書いたり出来ることだと考えますが、文字を「習う（または、教える）」ということになると、それは文字の形や点画などに注意して、正しく整えて書くことが出来ることだといえましょう。

学校の先生方の言い方を真似て、両者の指導の順序、段階をいえば、「覚え」てから「習う」のではなくて、「習って」のちに「覚える」ということになるのでしょう。

例えば、書写の指導で「習う」という場合、「百」という字を指導したあとで、「今習った『百』の一画目のよこぼう（よこ画）を取ってしまえば『白』になるんだよ」と指導する先生はいないはずです。「百」（六画）を書くときは、「百」を「一・ノ・日」の集まりと見て、長いよこ画を書いて、次に短い左払いを書く、そして、その下に「日」をプラスしたような形のものを書くという順序で書きます。

そのとき、この「日」に似た部分はどう書くかというと、いわゆる「日」とは違います。「日」のたて画は左右をほぼ垂直平行にするのが普通です。しかし、「百」は「一」と「ノ」と「日」の集まりではなく「一と白」の組み合わせと見るのがよいようです。ここで見方が違ってきます。ここが書写指導といわれるわけであり、漢字指導と違うところです。

「白」は、たて画の下の方を狭めるのが美しい形です。書写指導で「白」と同じたて画の下方を少し内側に狭めて書く字には、「口　田　中　四　回　曲」などがあります。

これらの字を普通の教科書や学年別漢字配当表などでじっくりと見たことがありますか？教科書や学年別漢字配当表で、そうした区別がしてあるかどうか、わかりにくいと思います。

書写とか、書き取り練習というのは、人間が手によって文字を書く練習です。手で書く字には、筆順をはじめとして、接筆、点画の長短、止め、跳ね、払い、曲直、方向などに、文字の組み立て、構成（これを「結構《けっこう》」といいます）などの上で、決まりともいうべき古くからの書法があることは、ご承知のことだと思います。

文字を「教える」とか「習う」という場合、「木」を二つ横に並べたものが「林」であり、三つ集めれば「森」になる、というわけにはいきません。教科書体活字でも「林」の偏《へん》と旁《つくり》では形が違うことはわかりますが、「白」をはじめ「口　田　中　四　回　曲」などはわかりにくいと思います。その教科書体の活字をコピー機で拡大して、じっくり見たからといって、これらの字形（概形）や書法の決まりは理解しにくいはずです。それなのに、教科書体の活字は、指導者や児童・生徒が何よりも頼りにしている字体です。ですから、学校での実際の文字指導では、国語の教科書とは別に「書写」の教科書があり、書写の時間を設けています。

一方、活字の書体にはいろいろなものがあります。そのいろいろな活字の中で、手書き文字の楷書にいちばん近いものが、教科書体といわれる字体活字（フォント）だといわれています。ことに小学生にとっては、教科書体活字が楷書の手本として教育的な役割を担っています。この教科書体活字は「読みやすく」また「書きやすい」という両面からみて、都合よく作られているともいわれています。

とはいっても、世の中にはいろいろな人がいるものです。次のような「書き込み」を見つけたことがありました。面白そうなインターネット情報を探していたときのことです。わたしは「一瞬、質問者はなぜこんなことを質問しているのか」と思ってしまいましたが、「そうか、こんなふうに見ている人もいたんだなあ」と思って、ハッとしてしまいました。

Q 筆順が気になる性格なんですが、前々からはっきりさせたいと思っていたのが「電」の字なんです。一番下に出っぱって跳ねている部分、あれは、上の「田」の上方からぐぐっと引っぱってくるんですか？　それとも「田」を書いた後に、ぴょこっとシッポのようにつけたすんでしょうか？　ネットで探し回ったのですが、明確に記載されている場所を見つけられませんでした。

どこかに筆順が丸ごと載っているサイトがあればいいのになーと切に願う一人です。正しい答えをご存知の方、どうぞ教えてください。

この質問者は以前から「電」を「雷」を書いてその下に尻尾のようにちょこっと「L」をつけるのか、「曰」を書いてその「曰」の上方から「L」を書くのかという疑問をもっていたようです。そういわれれば、活字（ことに明朝など）によっては「曰」の上、すなわち、たてぼうが「申」のように「曰」の上から出て、突き抜けてから尻尾を曲げているように見えなくもないものもあります。雨かんむりのたてぼうとその下の「乚」とが続いているように見えるものもあります。

「電」は一三画の字だと知っていれば、「雷」を書いてしっぽをつける書き方では、一四画になってしまいますから、(画数が合わないので)正しくないことがわかりますが、それは、この「電」という字を正しく知っている人の思考法であり、質問者のような疑問や思い込みを持った人の救いになることではないだろうと思います。そうしてみると、画数を調べればわかるじゃないかと、一笑に付すわけにはいきません。

「雷」の下にちょこっと尻尾をつけても「電」と読むことは出来るでしょうが、これが正しい「電」でないことは明白です。しかし、書き取りテストなどで、質問者がいうように、接筆が不自然でなく、上手にこう書いたとしてバツになるかどうかは不明です。おそらく、書き順テストでない限り、書きあがった字を見ても明白には見えないでしょうから、バツにはならないだろうと思います。

一年生の子供が、「天」の書き取りテストで、上下のよこぼうの長さが違うという理由で、二度もバツにされたことがあり、頭に来たその子の親が、「今度またテストで『天』が出たら、上下同じ長さに書いて出せ」と、子供に知恵をつけたという話をわたしは知っていますが、こうした誤魔化しを子供に教えなくてはならない親も不幸です。と同時に、二度もバツにしたという教師の指導意図や、ふだんの指導法も聞いてみたい気がします。笑い話で済まされる問題ではありません。

活字体と手書き文字＝字体の標準

ひらがなとカタカナ、数字には「字体の標準」についての決まりはありませんが、漢字については標準字体というものがあります。そして、学校での漢字の教え方としては、小学校学習指導要領に「学年別漢字配当表に示す漢字の字体を標準とすること」と明示されています。そのために「漢字配当表に示す漢字の字体を標準とする」という言葉に、教師は束縛されます。そこで指導者に混乱が起こり、先の親子のような事態が起きてくるのです。

「学年別漢字配当表に示す漢字の字体を標準とすること」というのは、配当表に示されている漢字は「字体の標準」の形だということであって、その「字体と同じ（というより、字体どおり）」でなければならないということではないのです。「標準とすること」というのを「字体どおりにせよ」ということだと思い込んでいる教師がいるのです。だから、先の教師のように「教科書と違う」からバツだと、困ったことをいう指導者がいるのです。

例を挙げて考えてみましょう。

「豆」という漢字があります。この漢字をはじめのよこぼうなしで「ロソ一」だけの形を書いたら、これは明らかに「まめ」という字を書いたことにはなりませんからバツでしょう。子供でもわかります。しかし、「ロソ一」の上に適当な（ということは、いい加減な）長さで、よこぼうを一本つけたらどうでしょうか。また、「豆」の上下のよこぼうが同じ長さだったらどうでしょうか。実は、教科書体活字では下のよこぼうの方が長くなっていますが、上下のよこぼうの長さの比は「何対いくつ」でなければならないのでしょうか。先の「天」の二本のよこぼうの長さでも同じです。

　さらに、次のような場合はどうなのでしょうか。

「豊」は「曲」と「豆」から出来ている字です。「豆」の上に「曲」を乗せると「豊」になるはずですが、教科書体活字によると【豆】の上下（「豊」の七画目のよこぼうと一三画目の最後のよこぼう）は、ほとんど同じ長さに書かれています。

　ところが、書写用教科書では下のよこぼうより上のよこぼう（最後のよこぼうより七画目のよこぼう）が短くなっています。教科書体活字と書写の教科書は明らかに「豆」と「豊」の、「豆」の部分の形は異なっているのです。

　どうしてか、それは書写（習字・書道）では、漢字全体のバランスのよさ、美しさ（美的感覚）を重視します。最後のよこぼうを長くどっしりと書くと落ち着きが出ます。そのためだと思います。同じような例はたくさんあります。

「幸」をあなたはどう書くでしょうか。教科書体活字では「土ソ」の次、六画目のよこ画と七画目のよこ画は、七画目の方が短く【幸】の形になっていますが、多くの人が七画目を長く書いているようです。

　この「幸」が偏になっている字に「報」があります。「報」の方は七画目が六画目より長い【報】の形です。また、二年生で習う【書】という字をみると、二画目のよこぼうと下の五画目のよこぼうは、ほぼ同じ長さになっています。わたしなどは、あえて五画目のよこぼうを長く書きますが、大部分の人がそうではないでしょうか。どうしてか、そのほうがカッコウよく、美しく見えるからです。教科書体活字を、そのまま大きくコピーして書道展に出しても、おそらく入選することはないでしょう。

活字の字形は、このように、文字特有の形をある程度犠牲にして、一定の枠にはめ込んで作られているのです。そのため、古くからの美しい手書き文字の形とそぐわない部分をもつものもあります。

「中　申　年　千」などのたてぼうは、教科書体どおりで書くとすれば、すべて「終筆を抑えず、緩やかに筆を抜くように書く筆法」（これを「垂露《すいろ》」といいます）で作られています。最後を「しっかりと止める筆法」（これを「鉄柱」といいます）ではありません。

教科書体活字にはたて画（これを「努《ど》」といいます）の書き方のうち、「最後を払って針のようにする払いの法」（これを「懸針《けんしん》」といいます）で出来た文字は一字もありません。

このように、教科書通りになど書けるわけもありませんし、「教科書体と違う」といって、マルだとかバツだとかいうのはナンセンスです。

試しに子供の持っている教科書で「市」「京」「高」「夜」「家」「室」などの字と、「言」や「ごんべん」の上部とを比較して見ていただきましょう。「なべぶた」（亠）〈てんいち〉ともや「ウかんむり」（宀）を持つ字の第一画目の「てん」と、「言」や「ごんべん」を持つ字の「てん」とは「てん」の形が違っているように見えます。これらは（正しく）書き分けなければならないのでしょうか。「市」「京」「高」「夜」「家」「室」など、これらの漢字を

「丶」の形で書いたらバツなのでしょうか。

これは重要なことですから、例を挙げて考えてみましょう。

まず、【言】の第一画、これは「よこぼう」なのでしょうか、それとも「てん」(「丶」)なのでしょうか、はたまた「たてに引く短いぼう」なのでしょうか。教科書の活字は「丶」のようですし、明朝体(新聞など)の活字は「よこぼう」のように見えます。また、活字によっては斜めに打った「てん」、というより、明らかに「たて」に引いた「短いぼう」のように見えるものもあります。こうしたところから、マルだとかバツだとか、字が違う、間違いだなどといった問題が起こってくるのではないかと思われます。

実は、これは漢字の持つ「字体」の問題なのです。

字体というのは「文字の骨組み」だといわれています。漢字には、上記の【言】のように、同じ字でありながら、活字によって微細な形の相違がみられるものがあります。だから問題になるのですが、それらの相違はデザインの違いに属する事柄であって、字体の違いではないと考えられています。

明朝体活字といわれるものにも、よく見ると微細な違いがあります。二章で例を示しますが、各種の明朝活字(写植も含めて)と教科書体の活字とで明らかに異なるものもあります。ましてや、活字と手書き(筆写)による楷書とでは、大きく違っていても不思議ではありません。というより活字どおりに書けといわれて書ける人はいないでしょう。

第二章

書き取りで子供を苦しめないために

口唱法とその周辺

「⻌」（しんにょう）と「言」（ごんべん）で考える

字体の違いをご理解いただくために、最もわかりやすい例を挙げるとすれば「しんにょう」（⻌「しんにゅう」とも）を見ていただくのが納得しやすいのではないかと思います。「しんにょう」は明朝体では「⻍」（ふたつてん）の形であったり「⻌」（ひとつてん）の形であったりしますが、教科書体では「近」のように「ひとつてん」で二画目を大きくゆする形になっています。一般的にわたしたちが手で書く場合には、教科書体のように、この「ゆする」形の「しんにょう」を書いていると思います。それなのに、明朝体活字がゆすってないから、ゆすっては間違いだと思っている人も中にはいるようです。

「しんにょう」は、わたしたちが、ふだん書いている「ゆする」形、あれでいいのです。「ゆすらない」形（主として新聞に用いる活字・明朝体）は、別の「にょう」の字（例えば「えんにょう」など）で、「ゆすった」形が「しんにょう」だ、などということはないのです。どちらの形であっても「しんにょう」は「しんにょう」なのです。明朝活字（「進」や「遅」など）の「しんにょう」がゆすらない形だからといって、ゆすらない形で書かなければバツだということはないのです（ちなみに「えんにょう」は「廴」の形で、「之」はゆすらない形です）。

このことを、「てん」についていえば、【言】の「てん」は、たてに引く「てん」の形でも、「ちょん」（「丶」）の形でも、「よこいち」の形でも、間違いではないのです。どの形で書いであっても、音読みでは「ゲン」であり、「ゴン」であり、訓読みでは「い・う」なのです。「間違い」ではなくて、【言】の第一画目が「よこぼう」か「ちょん」か「たてに引く形」かは、活字（フォント）のデザインの「違い」なのです。

「間違い」ではなくて「違い」なのだということを、はっきりと認識していただくために、くどいようではありますが、もう一つ【雨】と【戸】を例にとり、「雨」の一画目の「よこぼう」の長短と、【戸】の一画目の「よこぼう」について考察してみましょう。

【雨】の一画目の「よこぼう」は、「よこぼう」が「冂」の幅と同じか、それよりも長い活字（雨）もあれば、「冂」より短い活字（雨）もあります。どちらでも間違いではありません。

同じように【戸】の一画目の「よこぼう」は「尸」より「長いよこぼう」でも「短いよこぼう」でも間違いではありませんし、よこぼうではなくて「丶」の形に書いても間違いではありません。

ですから、漢字の書き取りテストなどで特別な指示（「一画目はよこぼうを長く書け」など）のあるとき以外、そのような区別をつけさせることは行き過ぎですし、また無益なことです（そんな「特別な指示」を出すはずもありませんが……）。

これでおわかりだと思いますが、結局、「市」「京」「高」「夜」「家」「室」などと、「言」をはじめとする「ごんべん」の字などは、「てん」の形が教科書通りでなく、「丶」の形で書いたとしても、それは間違いではなく、これは字のデザインの違いだということだったのです。手書き文字については言わずもがなというわけです。

では、親が子供の書き取り勉強の手伝いをしてやるとき、親は何をよりどころにすればよいのでしょうか。それには、子供たちが漢字の書き取り練習をするときに、どうしているかを見ればわかります。

子供たちは、教科書やお手本を見ながら練習します。親も教科書体の活字を参考にするのが最もよいと思います。その理由は先にも書きましたが、教科書体は手で書く字（筆写）に最も近い形で作られていますし、最も手書きで書きやすい形に出来ているからです。

ここでもう一度言わせてもらいますが、小学校学習指導要領には「漢字の指導においては、学年別配当表に示す漢字の字体を標準とすること」と示してあります。これは漢字の配当表に掲げた字体を指導の際の「標準にしなさい」ということであって、「標準にせよ」というのですから、もちろん「この通りでなければならない」ということではありません。

当然です。手書きで、印刷された活字の字体通りに書けるものではありません。指導者である教師や親だとて同じです。曲がり方や持ち上げる際の角度は何度にするなどということが出来るはずがありません。そのために、「このように書いてもよいですよ、間違いではありませんよ」ということが、ご丁寧にも「許容」という形で示されています。

「許容」というのは、例えば【公】は「八」の形でも「ハ」の形でもよい、などといったことです。明朝体の活字は「公」（「八」の形）になっているでしょうし、教科書体の活字は「公」（「公」正楷書体に近い形）になっているでしょう。

明朝体の【衣】の四画目は「たてぼう」と「はね」のように見えますが、教科書体ではカタカナの「レ」を書くようにした【衣】の形になっていて一画で書きます。あえて明朝体のように二画にみえるような書き方にするのは不自然です。

もっとわかりやすいのは【子】という字です。「子」の二画目、すなわち、カタカナの「フ」のように書いたあとの「たてぼう」ですが、これをまっすぐ下に下ろして書いたらバツになったという子供がいました。尻尾の部分は少し曲げて反《そ》らせるように書かないとだめだと先生がいったというのです。そういえば、この部分は教科書体では心持ち反らせてあるみたいです。しかし、明朝体の活字を見てください。「子」の形になっていて、教科書体のように「子」にはなっていません。

それればかりか、もし教科書体のように反らせるとしたら、どのくらい反らすと正解なのでしょうか。はたしてそのように書けるでしょうか。こうしたことをいう先生にも困ります。これでは指導の行き過ぎといわれても仕方ありません。

しかし子供が文字を「習う」段階では、出来るだけ美しい字、バランスのとれた字、教科書体に近い字を書く練習をさせたいわけですから、不自然な筆遣いをする字は書かせたくありません。やはり「教科書体」が最もなじみやすい形ということになるのでしょう。

とくに大人が注意すべきこと

では、大人は子供に指導する場合、どんなことを頭に入れておけばよいのでしょうか。また、子供にしてやれる「有効な指示」というのはどんなものなのでしょうか。それは、先に例示した「幸」や「報」の違いとか、「百」と「白」の違いなどといったようなことではありません。これらは、わたしに言わせれば枝葉末節の部類の問題でしかありません。では、何が問題なのでしょうか。

「よこぼう」の例でいうならば、よこぼうの長短を意識して書き分けないと読む人が間違ってしまうような字、例えば「末」と「未」の「明確な書き分け」といったようなことです。「末」と「未」は、よこぼうの長短によって文字そのものが異なりますし、これを上下同じ長さで書いたら「末」なのか「未」なのか、読む人が戸惑ってしまいます。

「土」と「士」も上のよこぼうが長いのか、下のよこぼうが長いのかで文字そのものが異なってしまいます。また、突き出るか出ないかで文字そのものが変わってしまうような字（土と工、夫と天など）もあります。こうした文字については、しっかりと意識して書き分けなくてはなりません。

さらに、まさか「田」を「日」に書く人はいないでしょうが、「由」に見えることはありそうです。また、「鳥」と書くつもりで「烏」と書いたらどうでしょう。こうした間違いがないとはいえません。また「烏」なのか「島」なのか、あるいは「鳥」なのか、判別しにくい書き方のしてある字を見たこともあります。

カタカナでいえば「シ」と「ツ」の書き違いなどもよくあることです。これは「ノ」の部分を上からもっていくか、下から持ち上げるかの違いだけだと思っている人でした。そのほか、自己流の略字も困りものです。自分のメモならともかく、人に見せるメモなどでこうした書き方をされると困ります。

子供の練習を見てやるときには、「初めて習う字については、一点一画、字の形にも注意して書きなさいよ」と指示するのが親切であり、有効な指導だといえます。そして、印象深くインパクトのある教え方をすることが必要です。それが指導というものだと思います。

枝葉末節にこだわるのは弊害ばかりで、子供を萎縮させ、学習意欲をそぐことにもなりかねません。そうしたことを考えにおいて、子供の漢字指導および書きの練習には「教科書体のデザインを拠り所にしましょう」というわけなのです。

つけ足しますが、わたしたちが最も目に触れやすい字体は、現在一般の新聞や書物に使われている明朝体活字と呼ばれるものです。新聞社などではその形を少し平たくするなど、個別に新聞用に作っているところもあるようです。明朝体活字とはいってもいろいろあり、それぞれに微細な違いがあるので、そうした「デザインの違い」を「字の違い」、「字体の違い」と思わないでください。

この部分のまとめの意味で、主な共通的注意点を挙げておきましょう。

活字（フォント）と手書き（筆写）の楷書とでは、おのずから違いが出るものがあるということ。先に挙げた「しんにょう」「ごんべん」などはよい例です。教科書体を「字体の標準とする」とはいえ、それ以外では誤りだと考え、必要以上に点画の微細な点まで規制することはばかげたことで、それればかりか、弊害があることはすでに述べたとおりです。

ことに子供の書き取りテストなどで、「ここが一本足りないよ」というように、点画の多少などは明らかに指摘しなければなりませんが、手で書いた字が、正しいか、間違いかといった、字形（概形）の問題をやかましく言うことは正しくないことであり、もっと幅広く考えるべきことです。

（1）点画の長短については、その長さの比率まできちんと書き分けられるわけでもありませんし、「土」と「士」、「土」と「工」などのように、「そう書いたために別の字になる」ということのない限り、細かく規制する必要はありません。「無」の真ん中のよこ線など長くても短くても間違いではありません。また、「青」のようによこぼうが三本並ぶ字では一番下が長ければよいというのが原則だと覚えておくとよいでしょう。

（2）付けるか、離すかといった問題については、筆写の際には少し離れるくらいが書きやすいですすし、まったく問題にすることはありません。「月」の中にある二本線など両側にくっつこうが離れようが、そうしたことにこだわることはないのです。筆の勢い（筆勢）で少々突き出るなどは、許容の範囲内だと知ることが大事です。

（3）点画がどの位置から出るかといったような、いわゆる接筆の問題は、極端に字形を崩さない限り許容してよい問題です。「北」が「北」になるとか、「心」が「心」になっていても同じです。これらは活字の違いによるデザインの違いでしかありません。漢字そのものが別の字になったのではありません。

（4）止めるか、はねるかといった問題では「きへん」「うしへん」「のぎへん」「こめへん」

など、いずれも筆の勢いではねたとしても間違いとはいえません。ただし、「てへん」は、はねるように指導することになっています。

(5)「言」「亠」「广」「戸」「交」「玄」などの第一画は「てん」でも「短いたてぼう」でも「よこぼう」でもよい。ただし、「学」「覚」「単」などの上部の「ツ」と「賞」「党」「当」などの「たて　ちょん　ちょん」は必ず区別しなければなりません。

細かいことを言えばまだまだ注意点はありますが、おおよそこのようなことを理解していれば、正誤論争は起こらないのではないかと思います。ことに小学校の先生対父母・子供、漢字検定、漢字テスト主催者対参加者の間のトラブルなどは、あって欲しくないことです。きちんとした理解を望むところです。

そういえば、先日「冬」について「ふゆがしら」と答えたらバツになった、正解は「すいにょう」だと言われたがどうなんだと、電話がかかってきました。字体の正誤の問題ではなく「部首」に関する質問だったのですが、これも困った事柄です。

現在、わが国では部首についても公式な決まりはありません。したがって「夂」と「夊」を区別なく「すいにょう」とか「なつあし」としている辞書もあります。「冬」を「冫」(にすいの部)にしている辞書もあります。そうかと思うと「夏」は「なつあし」の部、「冬」は「ふゆがしら」の部としている辞書もあります。

このように各社辞書作りをする人の考え方、分類方針に従って便宜的に「部分け」が行われ「部首」が作られているのです。

子供の辞書では「ム」の部、「ツ」の部、「ソ」の部、「リ」の部などというのまで現われてきています。そうしたことを知らずに「この字はこの部だ」とか、「この漢字を○○の部だというのは間違いだ」など論じるのはおかしいことです。

では、国できちんとしたものを決めればいいではないか、という人もいるでしょう。しかし、国では部首を決めることは出来ないようです。(問題が多い事柄だけに、責任を負いたくないのでしょう)。

漢字の部首分類などといったら、それこそ大変です。常用漢字の字体になって、そうした中であえて漢字の部首分類をする必要はないと考えているのかもしれません。あるいは、漢字問題については、字体、字数、音訓などたくさんの問題が内包されていますから、いじりたくないのかもしれません。わたしはそんなふうに思っています(現に、かって一度提示したものを引っ込めてナシにしています)。

そんな現状ですから、「部首」は漢字の「部首」分類ではなくて、それぞれの辞典による「索引のための分類」にしかなっていないのです。それなのに、「冬」を「ふゆがしら」と解答してバツになったという子供は不憫な体験をしたものです。そのことによって漢字嫌いにならなければよいが……と心配してしまいました。

第三章

これならわかる字体の正誤

口唱法とその周辺

これまでに、漢字の字体と手書きの場合に生じる問題や正誤の考え方について述べてきたわけですが、数多い漢字ですから、それらの漢字をじっくり眺めてみると、これはどちらが正しいのだろうか、こう書いては間違いなのだろうかと思うような字体がたくさんあります。ここではそうした漢字の例を挙げてみましょう。

さて、わたしたちが「手書き」で書く場合、次はどちらが正しいのでしょうか。あるいはどちらでもよいのでしょうか。あなたの知識を問う問題でこの章をまとめましょう。

Q 吉…上のよこぼうが長いのが「キチ」で、下のよこぼうが長いのが「ヨシ」だという人がいます。この説は正しいのでしょうか。

A 「吉」は昔、中国北方系の音として入ってきた音で「キツ」（これを漢音という）と読み、また、中国南方系の発音に基づく読みとして入ってきた「キチ」（これを呉音という）と発音し、名乗り訓（日本的名前としての読み）として「よし・よ・はじめ・とみ・さち」などの読みがあるようです。姓名に「吉田」（よしだ）「吉郎」（よしろう）「正吉」（まさよし）などがありますが、これらはいわゆる訓読みや名乗り読みです。固有名詞としての読み方としては、「吉」を「よし」と読むことも、「神吉」を「カンキ・カンギ」と読むこともあります。また常用漢字では「士と口」の形で認められており、「土と口」の形は俗字（正式ではないが、世間一般に通用している漢字）といわれているものです。「吉」を部分に持つ字には「結」「詰」（キツ・つめる・つまる）があります。また、「士と口」の形になる字には「園」「遠」「周」「週」「調」「彫」「舍」「捨」などがあります。だから、ややこしいのです。

Q **改**…「コ」を書いた次の三画目の部分ですが、手書きでの書き方は「たてはね」（レ）のように書くのか、「たてまげはね」（L）なのでしょうか。

A まず「**改**」（明朝体）と「**改**」（教科書体）を比べてみましょう。両者の違いは「コ」の次の部分です。「たてまげはね」の形になっているのが明朝体であり、「たてまげ止め」の形が教科書体だというところです。両者とも、問いのように、「レ」の形にはなっていません。しかし、そうした形があるとすれば手書きで書く場合、左側「己」の部分から「攵」（のぶん）に移る際の筆の勢い、すなわち、つながりから来るものだと思われます。手書きの場合、こうしたことはしばしば起こることです。これを「筆勢」といいます。この例から、きちんと理解しておいて欲しいことが二つあります。

①問題部分の「たてまげはね」か「たてまげ止め」かということについては、これは「字体の違いであって漢字そのものの違いではない」ということです。したがって、どちらも間違いではありません。

②また、教科書体は「たてまげ止め」の形ですが、これも明朝体のように「たてまげはね」にしても、誤り、すなわち間違いとはなりません。ですから、書き取りテストなどで、この「はね」にこだわることはないのです。と同時に、たまたま『レ』のようになったからといって、これもバツにするのは行きすぎです。

Q **比**…左側の二画目の部分は「レ」のように一筆で書くのか。それとも「｜」（たてぼう）と「もちあげ」の二画にするのか、どうなのでしょうか。

A 左側部分は明朝体の「**比**」は「三画」のようにみえ、教科書体の「**比**」は「二画」のようにみえます。しかし、この字の総画数は四画です。偏部分が二画、旁部分も二画、合計四画ですから、このことから考えても明朝体活字が「たて」と「もちあげ」の二つが組み合わさったように見えますが、これはデザインの違いといえます。したがって「一」「レ」と思ってよい問題です。また旁部分も活字では「まげはね」の形ですが、手書きの場合はそれほどこだわることではありません。「傾」「雌」なども同じです。

Q **雨**…第一画目の「よこぼう」は「冂」の「よこぼう」の幅より長いのか、短いのか。

A 何ページか前（一七ページ）でも触れたと思いますが、明朝体は「長く」、教科書体は

「短く」なっているようですが、これもデザインの違いでしかありません。このような点画の長短は、それによって別の字と紛らわしくならない限り、細かく規制しません。ですから、長くても短くても雨は雨であり間違いとはなりません。ただ教科書体活字が「雨・雲・雪・電」などはみなよこぼうが短い形になっていますので、小学校では「短い」と教えるかもしれません。

Q **売**…上部の「よこ　たて　よこ」は「士」の形にするのでしょうか、それとも、「土」の形なのでしょうか。

A 上部の「士」は下が短いのが正しいのです。「売」という字の元の形は「出」と「買」(賣)で、いったん仕入れたものを出す、すなわち「売る」ことでした。その「出」と「買」の略形が「売」であり、「土」の形にするのは間違いです。「売」を含む字には「続」「読」があります(「去」「志」「仕」の項参照)。

Q **画**…第一画目の「よこぼう」は七、八画目の「凵」の幅より「長く」するのか、「短く」書くのか、どうでしょう。

A どちらでもかまいません。そのような規制はありません。よこ画の長短についてはいろいろな字で問題になりますが、それほどこだわることはないのです。明朝体活字はよこぼうが長くなっているものが多いようですが、教科書体活字は「口」より明らかに短い形（画）になっています。わたしたちが「手書き」で書く場合、どちらが正しいのかと問題にすることはないのです。

Q 案…下の部分の「木」は「木」を書くのか、カタカナの「ホ」を書くのでしょうか。

A「案」は「安」と「木」で「脚のついている物を置く台・机の一種」ですから、下部の「木」は「ホ」ではなく漢字の「木」の形です。ただし、この「木」の部分を手書きで書く場合「ホ」の形になったからといって間違いとはいえません。「木」の部分を「ホ」にしたら「案」ではなく「別の字」になったということもありません。「木」にしようと「ホ」に見えようと「案」は「案」です。

Q 印…旁《つくり》の「ふしづくり」は、「かぎまげはね」て、たてぼうを書くのか、「よこはね（フ）」を書いて、たてぼうなのか、わかりませんが……。

A まず、偏（左側）部分は「爪」（ソウ）をたてに書いた形で「ノ　たて　よこ　よこ」の四画です。そして問題の旁（右側）部分は「卩」（セツ。「ふしづくり」とか「わりふ」）

といわれるもので、「かぎまげはね」と「たてぼう」の二画であり、「フ」の形ではありません。「印」は合計六画の字です。次に「卩」ですが、これは「頭をたれてひざまずいた人の形」で、ひざまずいた人の頭を爪（手）で押さえつけることから、「上から押さえて印を押す」動作を表し「はんこ」の意味になったものです（「節」の項参照）。

Q 化…旁部分の「匕」の最後は「跳ねる」（匕）のか、止める（ヒ）のか、どうもはっきりしませんが……。

A 「匕」（跳ねる）形が正解です。もちろん手書き文字でこの部分が跳ねてないからといってバツにすることはありません。こうしたことを「許容」といっています。「跳ねる」形の「匕」は、人をさかさまにした形で死者を表します。「かえる・かわる」などの意味を持ちます。わが国では「ばける」とも読みます。

Q 去…この字は「土」と「ム」の合わせ字のようにみえますが、上の「土」と下の「ム」はくっつけて書くのか、それとも離して書くのか、どうなのでしょうか。

A 「去」は象形文字で「食べ物を入れる容器」の形です。上部の「土」はふた、下部の「ム」は器の部分を表します。中のものを取り出すにはふたを取り去るところから「さる・はなれる」という意味がありますが、活字では「土」と「ム」はくっついています。きちんとふたが閉めてある形だと考えればよいでしょう。しかし、少し離れていても、それはそれ、ご愛嬌です。中の物が冷めるでしょうが、「ふた」と「器」に変わりはありませんのでよしとしましょう。これも「許容」のうちです。画がどの位置から出るか、つまり接筆の具合は極端に字形を崩さないかぎり許容してよいのです。「去」を含む字には「法」「却」「脚」などがあります。

Q 玉…三本の「よこぼう」は、上から順に長くするのか、長・短・最長と書き分けるのか、その辺は如何なものでしょうか。

A 確かにいろいろな形があるようです。この問題は字の正誤問題というより字形の美しさの問題だと思います。字体としては「長・短・最長」でも「短・短・長」でも「だんだんに長くなる」でも間違いではありません。点画の長短は別字にならない限り、細かく規制する必要はないからです。「王」「玉」「青」などのように「よこぼうが三本」ある字については一番下が長ければよいと思ってください。「玉」の場合、問題はむしろ「てん」の位置でしょう。もし、「てん」を真ん中のよこ線の上につけたらバツでしょうか。

現在の字形は明朝体でも教科書体でも「下のよこ線の上」につけた形ですが、本来「玉」は「石の美にして五徳あるもの、三は三玉の連に象《かたど》る」(『説文解字《せつもんかいじ》』)とあり、三つの玉石をつないだ形で「王」と区別するために「てん」を付けたといわれています。ですから、もし「てん」が真ん中のよこ線の上にあっても間違いとは言い切れません。これも許容の範囲内でしょう。現に「王」（キュウ・シュク）という字（「玉を磨く・傷のある玉」の意）もあります。（『角川漢字中辞典』より）

Q **公**…上部は「八」とするのか、「ハ」とするのか、教えてください。

A 活字の字体からいうと「八」と「ム」です。しかし、これを手書きで「ハ」と「ム」としたからといって間違いではありません。こういうのは、間違いではなくて、単なる字形の違いです。

Q **向**…一画目の「ノ」の部分が三画目の「冂」のよこ幅の真ん中あたりにあったら、間違いになりますか。

A 確かに教科書体は「ノ」が二画目の「たてぼう」近く（冂の角）にきていますが、明朝体ではそうでないものがあります。ここでも接筆の具合は極端に字形を崩さない限り許容してよい問題だと思ってください。「向」は家の概形と「口」（窓）の形から出来ています。窓は南北に相対するところから「向き合う」意味になったものです。

Q **査**…わたしは「木」の下に「旦」と書いていましたが、これは間違いですか。

A 「査」は「木」と「且」（ソ・シャ）であり、『説文解字』では「木の囲い」だとしています。「旦」ではありませんから「日」と「一」の形（元旦の「旦」）に書いたら明らかに間違いです。ただし、以前は「査」の俗字として「木」と「旦」の形もあったようですが、現在は見かけません。「且」の形を持つ字には「宜」「祖」「阻」「租」「組」「粗」などがありますし、「旦」を持つ字には「昼」「但」「担」「胆」「壇」などがあります。

Q **仕**…旁の「士」の部分は「士」の形にしても「土」にしても、どちらでもよいのでしょうか。決め手を教えてください。

A 「仕」は「人」と音符「士」（シ）から成る字であり、だから「仕」を「シ」と読むのです。したがって、「土」は明らかに間違いです。こうした作り方をする字を会意形声字といいます。『説文解字』に「学ぶなり、人をもととし士を音とす」とあるところからも「人」と「士」が正しいと思って間違いありません。似ている字で「任」がありますが、これは別の字です。「士」の形になる字には「志」「誌」「声」「売」「続」「読」「壱」「壮」「装」「荘」「穀」「款」「隷」などがあります。

Q 志…「士」に「心」と、「士」に「心」、どちらが正しいか。あるいはどちらでもよいのでしょうか。

A 「志」の上部「士」は明朝活字で上下同じように見えるものがありますが、「志」は音符「之」（シ）と「心」であり、「之」は「止」が変形したもので「士」の形になりました。したがって、「志」は「士」と「心」とみるべき字ですから、「士」であって「土」ではありません。教科書体（志）では下が短いことがよくわかります。「誌」も同じです。

Q 寺…「土」と「寸」だが、ボールペンで書く場合、「寸」のよこぼうを「土」の下のぼう（三画目）より長くしたら間違いでしょうか。

A 明朝体活字では「土」の三画目より「寸」のよこぼうの方が長いように見えるものもありますが、教科書体ははっきりと「寸」のよこぼうより「土」の三画目の方が長くなっています。これはデザインの違いであって、どちらかが間違いという問題ではありません。ただし、上部の「土」の部分が「士」になっていたら、それは間違い、バツになります。

Q 車…上下の「よこぼう」を、「亘」のように、ほぼ同じ長さにしたら間違いですか。

A 明朝活字では一見上下同じ長さのように見えますが、教科書体（**車**）は、はっきりと下のよこぼうの方が長くなっています。「軍」も同じです。しかし、もともと「車」の上下のよこぼうは車輪の形からきたものですから長さが同じでも不思議はありませんが、字のデザイン上、下のほうが長いとおさまりがよいところから、上より下を長くしたのでしょう。よこぼうの長い、短いで、この字の丸バツは論じられません。また、一画目のよこぼうを「日」より長く書いても間違いではありません。

Q 秋…「のぎへん」の「たてぼう」を跳ねたら間違いでしょうか。

A よく「木」はたてぼうを跳ねるとバツだとか、反対に「水」は跳ねないとバツだとかいわれたことがありました。確かに活字をみると、明朝体も教科書体も「木」は止め、「水」は跳ねています。では「秋」「移」のような「禾」はどうなのでしょうか。「木」「水」「秋」「移」のような字で、止めるか跳ねるかについては、跳ねてあってもすべて許容されるものです。ついでながら、「テヘン」（扌）は跳ねるようにしますし、また「干」と「于」は別字ですから書き分けなければなりません。

Q 終…「冬」部分の「こ」をカタカナの「ン」の形に書いてしまったら間違いですか。

A 「終」という字の「冬」の「こ」をカタカナの「ン」の形に書いても間違いにはなりません。「冬」も同じです。「チョン チョン」でも「ン」でも許容範囲内です。教科書体は「こ」に近い形（「冬」「終」）になっています。旧字体は「ン」の形でした。

Q 重…上部の「ノ一」の「一」を長めに書いて、下部の「二」が短くなったら間違いですか。

A 明朝体活字の中には二画目の「よこぼう」（ノ一）と九画目の最後の「一」とが同じ長さになっているものがあります。しかし、教科書体は上部の「ノ一」の「一」がもっとも長く、次いで一番下の「一」でその上の「一」がもっとも短い（「重」）、すなわち、下部のよこぼうは「二」や「土」の形のようになっています。だからといって、そう書かなければ間違いかというと、そうではありません。点画の長短は別の字にならない限りこだわらないという許容がありました。これもデザインの違いと考えてよい問題です。

Q 笑…「竹かんむり」の下の「夭」を「天」の形に書いたら間違いですか。

A 「竹かんむり」の下は「夭」が正解です。「天」と書いたらバツです。「夭」は人が体をくねらせて笑っている形とも、エクスタシーの状態になって身をよじっている形とも言われ、『説文解字』でも問題の多い字だとしています。ともかく「竹が風に吹かれるとそのゆれ方が、人が身をよじって笑っている形に似ているところから「わらう」という字になったと考えるとよいでしょう。したがって、「笑」は「竹」と「天」ではなく、「竹」と「夭」なので、「天」の形はバツということになります。

こうした問題で気をつけなければならないのに「夭」(妖)と「天」、「干」と「千」、「壬」と「王」などの字があります。

Q 賞…「賞」や「常」などの上の部分「尚」を「学」の上部のように書く人がいますが。これは間違いでしょうか。

A 間違いです。明らかにバツです。「賞」や「常」はそれぞれ「尚」と「貝」、「尚」と「巾」であり、「学」の「ツ冖」の形ではありません。「賞」は「貝」と音符「尚」(ショウ)ですから「学」の上部とはきちんと書き分けをしなくてはいけません。「尚」の上部(⺌)を持つ字には「光」「輝」「当」「党」「堂」「常」「掌」「償」「肖」「消」「硝」「削」「鎖」などがあります。

Q 垂…三画目の「よこぼう」を二画目の「よこぼう」より短く書いたら間違いでしょうか。

A 明朝体では四本の「よこぼう」の長さの違いははっきりとしていません。しかし、教科書体（垂）では二番目のよこぼうが最も長く書かれています。だからといって、そうしなければバツだということではありません。これまでも述べてきたように、よこぼうの長短は別の字にならない限り細かく規制することはありません。このように、構造が複雑で三本のよこぼうの長さがはっきりしない字に、「乗」「剰」「垂」「睡」「郵」「華」などがあります。この際、大きな活字でよく見ておくとよいでしょう。

Q **聖**…下部の「王」の部分を「壬」のように書いたら、間違いでしょうか。

A 「王」の部分を「壬」のように書いても間違いではありません。もとの字は「耳」と「口」と「壬」でした。常用漢字の字体では「壬」の部分が「王」になってしまいました。どちらを書いても総画数もかわりませんし、「セイ」と読み、他の字と混同することもありませんので、許容範囲内です。念のため、明らかに「壬」を含む字には「任」「妊」「賃」「廷」「庭」「艇」などがあり、「王」の形になる字には「望」「呈」「程」「狂」「潤」などがあります。これらは書き分けましょう。

Q **節**…「卩」を「おおざと」（郁の右側）のように書いたら、間違いでしょうか。

A 間違いです。「卩」は「ふしづくり」といい、「おおざと」（「都」や「郁」の右側）とは別物です。『説文解字』には「竹のふしなり」とあります。「おおざと」は「邑」（ユウ）で領地とひざまずく人の形です。きちんと書き分けなければなりません。「卩」を含む字には「印」「命」「即」「脚」「却」「御」「卸」「仰」「抑」「迎」「柳」などがあります。

Q 穴…「究」と「容」の「あなかんむり」の形は書き分けなければならないのですか。

A 「穴」は単独では「宀」の下は「八」の形ですが、「あなかんむり」になると「究」のように「八」を曲げた形になります。「究」のほかに「空」「控」「突」「窓」「窒」「窮」など「あなかんむり」の字はすべて「曲げた形」になります。しかし、問題の「容」は「あなかんむり」の字ではなく「うかんむり」、すなわち「宀」（家の屋根の形）と「谷」（山のくぼみから水が流れ出る広い出口の形）の組み合わせです。「広い水の出口のように家の中が広くてものがたくさん入れられることから「いれる・なかみ」の意味を表しました。「容」を含む字には「溶」があります。

第四章

口唱法は行動的学習法

学習の成立とは

財団法人・総合初等教育研究所の調査では、漢字を読める子供が平均八九・四%、そして書けるのは七一・七%、また、別の調査では、読みがおよそ九〇%、書きは四〇数%とか、さらには八五%と四二%（共に某大手学習塾調べ）という調査結果がありました。こうした調査は、そのやり方（どんな漢字をどんな用例で読み書きさせるかなど）によって数字に違いが出てきますが、まあ、大まかにいって、小学生の読み書き能力は、読める漢字が一〇〇字だとすると、その中で書けるのは四〇から五〇字くらいだということがわかります。

大人でも、そんなものでしょう。これはやはり、「読み」より「書き」が難しいということであり、調査結果を待つまでもなく実感できることです。悲しいかな、学んでもなかなか覚えられないというのが、学習（勉強の成果）というもののようです。わたしたちのように学校生活から離れて何十年も経ている大人だけでなく、現役の学業真最中の子供でさえそうなのです。

この読み書き能力の差が四〇から五〇%というのが日本の子供の実態だというのなら、厳しい言い方ではありますが、その原因は学校教育も含めた教育全般、子供たちの文字学習そのものさえ成立していないのではないかとも考えられそうです。

「学習が成立した」というのは、授業（あるいは学習）をした結果、「出来なかったことが、出来るようになった状態だ」ということです。

習った漢字が「読める」ようになったこと、「書ける」ようになったことです。心理学では、この「出来なかったことが出来るようになった状態」を「行動の変容」といっています。

わたしたちのやっている行動は、すべて学習だと考えることが出来ます。こうした考え方で赤ん坊の行動を見てみましょう。

赤ん坊はおおよそ、寝ている状態から→寝返る→這う→立つ→歩くという成長過程をたどります。ところが、このごろはハイハイをしないで……というより、なかなかハイハイが出来ないでいて、いきなり伝い歩きを始めて親を驚かすという赤ん坊が何人もいると聞きました。部屋が狭いためサークルベッドで育ち、なすべき時期に「ハイハイという行動、学習」をしないで、キャスターつきの歩行器にまたがるといったことが原因だというのです。

大人にとっては、たいしたこともないと思われがちな「這う」という行動も、幼児にとっては思いのほか大変な行動です。苦しくとも、将来の成長のために、この時期にこそ訓練しなければならない学習だといってもよいのではないでしょうか。

「這う」ためには顔を上げる、そのためにはしっかりと首をすえて前を向く、そして腕を前に出して胸を起こす、さらに、腕と足の「蹴り」のバランスを取る……といったような活動（行動）が出来なければハイハイは出来ません。

こうした訓練によって、身体の諸機能が発達していきます。自分が行こうとするところまで行きつくには、かなりな頑張りも必要になります。疲れたり、膝がすりむけたりもするでしょう。それを我慢しながらハイハイするのですから、かなりの意志の強さも必要です。こうした努力をした挙句に目的地にたどり着いたときのこの子の喜びは、計り知れないものがあります。

そして、目的地点まで到達できたこの子は成功感を味わいます。この成功感は、頑張れば目的が達せられるのだという自信と、また今度もチャレンジしようという意欲につながります。ハイハイによって、幼児の心身は大きく発達していきます。だからこそ、この時代に、親は「ハイハイ」という学習をさせることが必要なのです。

赤ん坊が一年も経たないうちに一人歩きが出来るようになるその過程は、子供の学習の順序であり、親の指導順序でもあります。一人歩きが出来るようになったということは、言い方を替えると、この赤ん坊が歩き方をマスターし、「歩く」という学習が成立したのです。これが心理学でいう「行動の変容」です。

ここで大事なことは、この赤ん坊は何の努力もなしに歩けるようになったのではないということです。数々の段階を踏んで、繰り返し、繰り返し、学習をしたのです。赤ん坊でありながら、歩くための努力を惜しまずに、こつこつと日々訓練に励んだ結果、意識もしないで歩いているようにみえるまでになったのです。

このことでもわかるのは、学習が成立するには「自分が成すことによって」という条件がついているということです。自分がやらなければ、どんな学習も成立しないのです。

次のような西洋のことわざがあります。

You hear and you forget.（聞いて忘れ）

You see and you remember.（見て覚え）
You do and you understand.（してみて理解する）

文字学習も同じです。文字の読み、書きなどは、他人から聞いただけでは定着しません。覚えたと思ってもすぐ忘れてしまいます。自分が主体性を持って、実際に読みがなをつけてみたり、何度も書いてみたり、口で唱えてみたり、日常の生活の中に取り入れてみたりすることによって定着し、使えるようになっていきます。そしてそれは、成した努力に応じて成立するもののようです。成さなければ何も成立しません。

「自分が成すことによって」というと、「なせばなる　なさねばならぬなにごとも　ならぬはひとの　なさぬなりけり」（上杉鷹山）という言葉を思い出します。上杉鷹山は九州生まれの米沢藩主。困窮にあえぐ藩政を救う改革をした人物です。

洋の東西を問わず、こうした言葉が残っているということは、人間の行動について、これらの言葉に深い意味があるからではないでしょうか。如何《いか》に苦手な学習（行動）であっても「出来ない」とあきらめるか、いや「出来るのだ」と自分を信じ、努力を続けるか、その違いは実に大きなものだと思わざるを得ません。

一九二〇年以来だれも破れなかった大リーグ記録、ジョージ・シスラー（ブラウンズ＝現オリオールズ）の持つシーズン最多二五七安打を、四年目にして六本も超えた日本人大リーガー、かのマリナーズのイチロー選手でさえ、彼の大リーグでの活躍を「他人は私のことを天才だというが、大リーグ史上記念すべき新記録が残せたのは、自分自身、活躍の場に恵まていますね。何事も「成したことによって成立する」「成した努力に応じて成立する」というのは真理なのです。

口唱法とはどんなものなのか

そこで、いよいよ本論に迫ります。「口唱法」という名称は、学校の先生や子供ならともかく、一般の人には耳慣れない言葉かもしれません。

口唱法は一口でいえば、漢字、ひらがな、カタカナなどの文字を、一定の法則に基づいて、口で唱えながらマスターさせる書き順指導の方法です。そこには、字画の多い少ないには関係なく、すべての文字に適用できる法則が作られています。

その法則の基本は、漢字、ひらがな、カタカナ、それぞれの文字の構成要素を一点一画に分解して共通の要素を抜き出し、それぞれに唱え方の名称を付けて、どの文字に対してもその名称を基礎として唱えさせるということです。

それが口唱法での「点画の唱え方の約束」といわれているもので、この「約束」は「文字（ひらがな、カタカナ、漢字）の点画要素」と「従来の部首名と口唱法による唱え方との併用による唱え方」の二つから成り立っています。本書は漢字について述べるのが目的ですから、ひらがな（八要素）とカタカナ（一〇要素）の点画要素は省きますが、漢字の基本になるのは「口唱法のための漢字分解の二四の要素とその唱え方」(六一ページ参照)です。

こう述べても口唱法がどんなものか、イメージがわかないと思います。ですから、おぼろげながらでも「ああ、そういった感じのものなのか」といった姿を知っていただいてから、話(口唱法の詳細)を進めるのがよいのではないかと思います。

漢字というと、小学校で教わる漢字数が一〇〇六字、一年生が学ぶ字数だけでも八〇字もあるわけですから、とうてい、ここで全貌をご覧いただくことは出来ません。そこで、どんな例を挙げれば理解してもらいやすいか考えてみました。

そこで思いついたのが漢数字を使うことです。

一年生が使う漢数字の唱え方によって、「なるほど、口唱法というのはこんな感じのものなんだな」という見当をつけて、予備知識としていただきましょう。

漢数字の口唱法と算用数字の字書き歌

一……よこぼう　いっぽん　ひだりから
二……よこぼう　にほん　した　ながく
三……まんなかみじかく　よこぼう　さんぼん
四……たて　かぎ　ノをかき　たてまげて　そしてさいごに　そことじる
五……よこぼうで　たてぼうななめで　かぎ　よこぼう

六……てんいちに　ひだりにはらって　みぎはちょん
七……よこぼうに　たてまげる
八……ひだりにはらって　みぎばらい
九……ノをかいて　かぎまげ　（そと）はねる
十……よこぼうかいて　たてぼうおろす
百……よこいちに　ノをつけて　たて　かぎ　かいたら　よこにほん
千……ノをかいて　よこぼうかいたら　たてながく
〇……ぐるっと　まわして　ひとまわり（数のないことを零といい、〇で表す）

これが漢数字の口唱法による唱え方です。読んでいただいて、口唱法の雰囲気というか、口唱法というものがどんなものか…といったイメージが、いくらかおわかりいただけたのではないかと思います。「なんだ、数字の数え歌か」と思われたでしょうか。

実は、ひらがなやカタカナの口唱法を作ったとき、ついでに、幼児のために算用数字の口唱法も作ろうと試みました。しかし、0から9までの算用数字の要素を抜き出そうとしたら、その要素が九個以上、十数個も出てくることがわかったのです。これでは何のための口唱法かわかりません。それで、算用数字の口唱法作りは断念しました。その代わりに作ったのが、次のものです。

1……うえから　たてぼう　1のじ　できた
2……まわって　よこぼう　2のじが　できた

3……まわって　まわって　3のじ　できた
4……さんかく　たてぼう　4のじ　できた
5……たてかいて　まわって　よこぼう　5のじが　できた
6……たてぼう　まるめて　6のじ　できた
7……たてぼう　かぎで　7のじ　できた
8……まわって　ねじって　8のじ　できた
9……まわって　たてぼう　9のじ　できた
10……たてぼう　たまごで　10のじ　できた
100……たてぼうに　たまごが　ふたつで　100のじ　できた
1000……たてぼうに　たまごが　みっつで　1000のじ　できた
0……うえからまわって　ひとまわり　たまごのような　0できた

たわいないもののようですが、幼児はけっこうこれを面白がってくれているようです。なぜ、そういえるかというと、この数字の口唱法は、現在『下村式・リズムでおぼえる　すうじ1・2・3』（文溪堂）という絵本として刊行されていて、すでに五刷ほどになっているからです（この絵本は「数の本」ではなく「数字の本」です。ほかにシリーズとして「ひらがな」「カタカナ」の本も出版されています）。

「たわいないもののようですが」と書きましたが、「たわいない」という言葉には「幼くて…」というような概念も持つ言葉のようです。大人にはそう思われるかもしれませんが、たわいなくてよいのだと思います。

後でも述べますが、口唱法で大事なことの一つに「語呂がよくて、唱え方と運筆の速度が合うこと」があります。そうした観点から考えて、この数字の唱え方は、文字の口唱法への橋渡しとしての意味でも、幼児のころに、これらの本で口唱法の唱え方に親しんでおくのは有効だと思います。

ひらがな、カタカナの口唱法

ひらがなといっても、いざ書くとなるとけっこう難しいものです。たった一字のひらがなではあっても、その一字には、書き始めてから書き終わるまで、一貫した筆遣いの流れがあります。「ぼく、一人で書けるようになったんだよ」という子供たちに、ひらがなを書いてもらったところ、子供たちは、次のような書き順の誤りを犯すことがわかりました。

① 特に間違えやすいのは、「は」「ほ」「け」「に」「め」「せ」「も」「と」「よ」「ら」「え」「う」「や」「ふ」の一四字。「は」「ほ」「け」「に」「め」「も」「と」「よ」「ら」「え」「う」「ふ」は、第一画目の始筆部分を最後に書く傾向があります。そして、「せ」「や」は、三画目の「たてまげ」や「ななめぼう」を第一画の次に書く傾向があります。

②「てん」や「短いぼう」のある字は、書き間違えやすいようです。「め」「せ」「も」「と」「よ」「ら」「え」「う」「や」「ふ」などです。ことにひらがなは、「てん」の出てくる場所が文字の中のいろいろです。この「てん」が子供にとって曲者のようです。

出てくる場所は、次の三か所です。

◆初めに「てん」が出てくる字……う・え・ら・ふ

◆途中で「てん」が出てくる字……な・や・ふ

◆最後に「てん」が出てくる字……お・む・か・ふ

③カタカナだと「ヲ」を「フ」を書いてから「よこぼう」を書く子が大勢いますし、「ソ」と「ン」、「ツ」と「シ」、「ユ」と「コ」、「ワ」と「ク」、「ミ」と「シ」、「チ」と「テ」などの字形（概形）の違い、点画の方向の違いは、とくに教えるときに苦労するところです。

ちなみに、口唱法では「シ」と「ツ」を次のように唱えます。

「シ」……うえから　てん　てん　もちあげ　ぴゅう

「ツ」……よこに　てん　てん　ななめに　ぴゅう

これなら、「シ」なのか「ツ」なのかわからないといった字形にはなりません。

ひらがなの字形を整えるには、どこに余白を作るか、どこを広くするかといったような、コツがあります。

例えば、「む」の懐は広くして、お団子一つ分とか、「ひ」のおなかの袋の形は、卵を斜めに、などと教えることによって、ひらがなの形は整ってきます。

もう一つ、字形を整えるための要素として、「終筆の処理の仕方」があります。それは筆遣いの上で「止め」「跳ね」「払い」といわれているものですが、口唱法では、次のように唱えます。

ポイント①「しゅっ」

例「い」……ななめで　しゅっ　むかいに　とん

ポイント②「ぴゅう」

例「し」……ゆっくりと　たてぼう　おろして　まがって　ぴゅう

ポイント③「とん」

例「こ」……よこぼう　しゅっ　すくって　とん

ポイント④「ななめで　もちあげ」

例「の」……ななめで　もちあげ　まわして　ぴゅう

ポイント⑤「たてのしりふり」

例「よ」……よこに　ちょん　たてのしりふり　たまごがた

ポイント⑥「たまご・たまごがた」

例「ま」……よこ　にほん　たてのしりふり　たまごがた

♪ひらがなの唱え方

あ……よこぼう　かいて　たてまげて　ななめで　もちあげ　まわして　ぴゅう
い……ななめで　しゅっ　むかいに　とん
う……てん　うって　よこぼう　もちあげ　まわって　ぴゅう
え……てん　うって　よこかき　ひっぱり　もどって　くるん
お……よこをかき　たてぼう　おろして　もちあげて　ぐるっとまわして　てん　つける
か……よこぼうまわって　はねたら　ななめ　そして　おわりに　かたに　てん
き……よこ　にほん　ななめで　しゅっ　すくって　とん
く……ひだりななめで　みぎ　ななめ
け……たてぼう　しゅっ　よこぼうかいて　たてぼう　ぴゅう
こ……よこぼう　しゅっ　すくって　とん
さ……よこぼうで　ななめで　しゅっ　すくって　とん
し……ゆっくりと　たてぼう　おろして　まがって　ぴゅう
す……よこ　ながく　たてぼう　とちゅうで　まるめて　ぴゅう
せ……よこ　ながく　みじかい　たてで　たてまげ　とん
そ……よこをかき　ひっぱり　よこで　そっくりかえる
た……よこぼう　かいたら　ななめぼう　よこいって　しゅっ　すくって　とん
ち……よこぼうで　たてぼう　とちゅうで　まわして　ぴゅう

つ……ゆっくりと　よこぼうもちあげ　まわして　ぴゅう
て……よこぼうで　したにおおきく　そっくりかえる
と……みじかく　とん　ひっぱりまわして　おわりは　とん
な……よこぼうで　ひだり　ななめで　てん　うって　たてのしりふり　たまごがた
に……たてぼう　しゅっ　よこいって　しゅっ　すくって　とん
ぬ……みぎななめ　ひだりななめで　もちあげて　ぐるっとまわして　たまごがた
ね……たてぼうで　よこかき　ひっぱり　まわして　たまごがた
の……ななめで　もちあげ　まわして　ぴゅう
は……たてぼう　しゅっ　よこをかき　たてのしりふり　たまごがた
ひ……もちあげて　たまごの　まるかき　みじかく　とん
ふ……てんを　かき　たてのしりふり　ちょおん　ちょん
へ……ななめに　のぼって　ななめに　おりる
ほ……たてぼう　しゅっ　よこ　にほん　たてのしりふり　たまごがた
ま……よこ　にほん　たてのしりふり　たまごがた
み……よこぼう　ななめで　もちあげて　ぐるっと　ひっぱり　ななめに　ぴゅう
む……よこぼうで　たてぼうまるめて　ぴんと　やって　ちょん
め……みぎななめ　ひだりななめで　もちあげて　ぐるっとまわして　おわりは　ぴゅう
も……したにおりたら　まがって　ぴゅう　そしてあとから　よこ　にほん

や……よこぼう　もちあげ　まわして　ぴゅう　てんを　つけたら　ななめぼう
ゆ……たてをかき　おおきくまわして　たてぼう　ぴゅう
よ……よこに　ちょん　たてのしりふり　たまごがた
ら……てんを　かき　たてぼう　とちゅうで　まわして　ぴゅう
り……たてぼう　しゅっ　むかいあわせで　もひとつ　ぴゅう
る……よこぼうで　ひっぱり　まわして　おわりは　くるん
れ……たてぼうで　よこかき　ひっぱり　あがって　すべる
ろ……よこぼうで　ひっぱり　まわして　おわりは　ぴゅう
わ……たてぼうで　よこかき　ひっぱり　まわして　ぴゅう
を……よこぼうで　たてぼうななめで　もどしてとん　ひっぱりまわして　おわりをとん
ん……おおきく　ひっぱり　もちあげ　くるん

♪カタカナの唱え方

ア……よこぼう　はねて　ななめに　ぴゅう
イ……ななめに　ぴゅう　たてぼう　とん
ウ……たてに　ちょん　みじかい　たてで　かぎを　ぴゅう
エ……よこぼう　たてで　よこながく
オ……よこぼう　たてはね　ななめに　ぴゅう

カ……かぎを　はねたら　ななめに　ぴゅう
キ……よこぼう　にほんで　ななめぼう
ク……みじかく　ぴゅう　かぎを　ぴゅう
ケ……みじかく　ぴゅう　よこぼう　かいたら　ななめに　ぴゅう
コ……かぎを　かいたら　よこぼう　とん
サ……よこぼう　たてで　たてを　ぴゅう
シ……うえから　てん　てん　もちあげ　ぴゅう
ス……かぎを　ぴゅう　ななめに　とん
セ……よこぼう　はねて　たて　まげる
ソ……てんを　かいたら　ななめに　ぴゅう
タ……みじかく　ぴゅう　かぎを　ぴゅうで　なかに　てん
チ……みじかく　ぴゅう　よこぼうかいたら　たてを　ぴゅう
ツ……よこに　てん　てん　ななめに　ぴゅう
テ……よこぼう　にほんで　ななめに　ぴゅう
ト……たてぼう　かいたら　ななめに　とん
ナ……よこぼう　かいたら　ななめに　ぴゅう
ニ……みじかいよこに　ながいよこ
ヌ……かぎを　ぴゅう　ななめに　とん

ネ……てんを　かき　かぎ　ぴゅう　たてで　てん　つける
ノ……ななめに　ぴゅう　それだけさ
ハ……ひだり　ななめに　みぎ　ななめ
ヒ……よこぼう　かいたら　たて　まげ　とん
フ……おもいきって　かぎを　ぴゅう
ヘ……したから　もちあげ　やまを　かく
ホ……よこぼうで　たてを　はねたら　ちょおん　ちょん
マ……よこぼう　はねて　てん　つける
ミ……てん　てん　てん（うえから　したに）　それだけさ
ム……ななめで　もちあげ　てん　つける
メ……ななめに　ぴゅう　てん　つける
モ……よこぼう　にほんで　たて　まげ　とん
ヤ……よこぼう　はねて　ななめぼう
ユ……かぎを　かいたら　よこ　ながく
ヨ……かぎを　かいたら　よこ　にほん
ラ……よこぼう　かいて　かぎを　ぴゅう
リ……みじかい　たてに　たてを　ぴゅう
ル……たてを　ぴゅう　たてぼう　おろして　もちあげ　ぴゅう

レ……たてぼう　おろして　もちあげ　ぴゅう

ロ……たて　かぎ　かいて　そこ　とじる

ワ……たてを　ちょん　かぎを　ぴゅう

ヲ……よこぼう　にほんで　ななめに　ぴゅう

ン……てん　かいて　したから　もちあげ　ななめに　ぴゅう

第五章

漢字の要素と唱え方の約束

口唱法とその周辺

同じ部品でも唱え方が違うことがある

さて、話を漢字に戻しましょう。お読みいただいた数字、ひらがな、カタカナの唱え方で、何となく口唱法というものの雰囲気がわかっていただけたのではないかと思います。

漢字では、すべての漢字に当てはまる点画の要素が二四にまとめてありますが、「漢字の二四の点画要素」というのは、漢字を形作っている基本となる点画と、特徴的な点画、例えば「一」「丨」「ノ」「丶」などをはじめとして、「乂」「乂」「廴」などが含まれたもののことです。こうしたものが二四個、基本点画として選び出してあり、それの一つひとつに名称をつけて「法則・きまり」とでもいうものが設定してあります。

「一」を「よこ」とか「よこぼう」といい、「乛」を「よこはね」とか「よこぼう　はねる」などと唱えようというわけです。これが「唱え方の約束」です。

この「唱え方の約束」には文字構成の点画的要素と、それの応用（例えば「⺕」を「ヨの中長く」、「ソ一」を「ソいち」といい、従来の部首、例えば「扌」を「てへん」または「よこ　たてはねて　もちあげて」という）などが含まれています。

これらを「唱え方の約束」として、一つひとつの文字を三つの「文字分解の原則」（「左右型」「上下型」「その他型」）のうちのどれかに当てはめて、「筆順の唱え方」（書き順）としてあります。

その二四の要素は次のようにまとめられています。

（1）漢字分解の二四の要素と唱え方

一	よこぼう （よこいち）	丨	たてぼう （たて）	フ	かぎまげ （うち）はね
乛	よこはね （よこぼうはね）	亅・㇃	たてはね （たてぼうはねる）	乙・㇈	かぎまげ （そと）はね
丶	てん （チョン）	亅・㇉	たてぼうまげはね	㇋・㇌	フにつづける
亠	てん一《いち》	𠃊	たてまげ	㇀	もちあげる
䒑	ソ 一《いち》	乚	たてまげはねる	ノ	左《ひだり》ばらい
㇜	ノ 一《いち》	ノ	たてたノ （ノをたてる）	㇏	右《みぎ》ばらい
ム	ノフ（とつづける）	㇕	かぎ	乂	左右《さゆう》にはらう
ヨ	ヨの中長《なかなが》く	㇆	かぎはね	乂	両《りょう》ばらい

（2）部首名との併用による唱え方

宀	ウとかいて 〔ウかんむり〕	彳	ノイとかき 〔ぎょうにんべん〕	儿	ひとのあし 〔ひとあし〕
冖	ワとかいて 〔ワかんむり〕	石	石《いし》をかき 〔いしへん〕	夂	クに右ばらい 〔なつあし・ふゆがしら〕
艹	サとかいて よこぼうかいてたて二本《にほん》 〔くさかんむり〕	言	てん一よこよこ 口《くち》をかき 〔ごんべん〕	凵	たてまげ・たてぼう 〔うけばこ〕
⺮	ケを二《ふた》つ ケケとかき 〔たけかんむり〕	土	よこ たて もちあげ 〔つちへん〕	冂	たて かぎはねて 〔どうがまえ〕
人	ひとやね 〔ひとやね〕	糸	くムとつづけて たてチョンチョン 〔いとへん〕	廴	フをつづけて右ばらい 〔えんにょう〕
扌	よこ たて はねて もちあげて 〔てへん〕	阝	フにつづけて たてぼう長く 〔こざとへん〕	几	ルににた字《じ》 〔つくえ〕
礻	ネとかいて 〔しめすへん〕	阝	フにつづけて たてぼう長く 〔おおざと〕	又	フに右ばらい 〔また〕
禾	ノ木《き》とかいて 〔のぎへん〕	冫	ンをかき 〔にすい〕	幺	クムとつづけて 〔いとがしら〕
亻	イをかいて 〔にんべん〕	氵	シとかいて 〔さんずい〕	弋・戈	たすきがけ 〔しきがまえ・ほこがまえ〕
刂	たてぼう二本で おわりをはねる 〔りっとう〕	攵	ノ一とかいて 左右にはらう 〔のぶん〕	忄	チョンチョン たてぼう 〔りっしんべん〕

唱え方の工夫とリズムの良し悪し

漢字の口唱法では、画数の違いによってその字全体の唱え方のアレンジを行う場合があります。それは漢字によって画数が異なると、始筆から終筆までの筆運びの時間が違うからです。口唱法では唱え方のリズムが大事だといいましたが、それと同時に、唱えの長さと書きの筆運びの長さとの関係も大事になります。そのことについて説明しておきたいと思います。

ある日、出版社からわたしのオフィスに、次のような質問の手紙が回送されてきました。広島の読者からの質問でした。

先日、『漢字の本』を購入しましたが、その中の説明で同じ字なのに二通りの書き順がありますが、意図があって違う書き順になっているのでしょうか、それとも単純な間違いで違う書き順になってしまったのでしょうか。

1 四年生のページ53「観」の偏の書き方で「ノ一に　よこぼう　イをかいて」とあり、

2 五年生のページ33「歓」で「ノ一に　かなのナ　たてかいて」

3 六年生のページ110「権」で「ノ一に　よこぼう　イをかき」と、

「イをかき」と、「かなのナをかき」に分かれています。どうして二つの書き順になったのでしょうか。

この質問者は学習塾あるいは学校の先生なのでしょうか。それとも子供の父親なのでしょうか。各学年の『漢字の本』をお買い求めくださったようです。しかも、かなり『漢字の本』を読み込んでくださっていると感じました。

わたしはこの手紙に次のような返事を書きました。

お買い求めいただいた本、たいへん詳しくご覧いただいているようでうれしく思います。この書き順の示し方による覚え方を「口唱法」といい、これを作り上げたのは昭和三三、四年ごろです。あなたのお求めくださった本も、刊行以来、お蔭様で増刷を重ねながら三〇年もたちます。日本全国、多くの学校で先生方が授業に使ってくださっております。

口唱法では、漢字は二四要素、ひらがなは八要素、カタカナは一〇要素。このようにそれぞれの字種の構成要素が分析されています。漢字ですと、二四の要素のどれかを使えば、すべての字を書くことが出来るわけです。その「二四の要素と唱え方」は、『漢字の本』の終わりの方に「書き順の約束」として出ていますからご覧ください。しかし、この書き順の約束を知らなくても、各ページの唱え方をみれば、すぐわかってしまいます。

ところで、この口唱法という「書き」の学習法では、リズムを大事にします。漢字一字一字を美しく書くには、文字に合ったリズムのよい唱え方というか、歌い方を作り、そのリズムに従って筆を動かすようにさせます。

しかし、文字は一字一字、全体の要素が違い、画数が違います。したがって、「どの字も同じ調子、同じ速さで書く」というわけにはいきません。

例えば一年生の五画の字に「白」と「生」があります。口唱法での唱え方・運筆法は「白」ならば「ノをかいて」、ここで一拍おきます。そして呼吸を継いで「たてぼう　かぎで」と二画と三画目を一気に書き、最後に「よこ二ほん」と続けます。すなわち三区切りの息継ぎをします。

これが「生」でしたら、まず「ノ一の　たてで」と一、二、三画まで一気に進めます。そしてここで息継ぎをして「よこ二ほん」と唱えながら一気に四、五画を書くことになります。この呼吸の違いは、何度も唱えながら指書きしてみてくだされば、納得できることだと思います。

そこで、ご質問の「観・歓・権」ですが、「観」は一八画ですし、旁の「見」は一年生で既に習った字ですから「〈**見る**〉を書く」と、そのまま唱えられます。「権」は一五画ですし、偏の「木」はやはり一年生で既習です。ですから「木を書いて」とか「きへんに」などと唱えさせられます。「観」や「権」などを学習するとき、こうした、既に習った字はそのまま使わせたいのです（これを「第二原則」といい、その理由もあるのですがここでは省略します。詳しくは九〇ページ参照）。

この「木」についても、「き・に」と唱えるものもあり「きへん・に」と唱えるものがあります。漢字によって異なります。これらもそれぞれの字全体の字画との関係や、既習・未習の違いなどで唱え方が一様ではないのです。

「権」の場合、『漢字の本』では、「木をかいて、ノ一で　よこぼう　イをかいて、てん一　たてで　よこ三本」となっていますが、これを「木をかいて」といわず「きへん」と唱えると、その後はどうなるでしょうか。

「きへんに　ノ一、よこぼうかいて、イに　てん一　たてで、よこ三本」とでもなりましょうか。

この場合「きへんに　ノ一」の部分の運筆が速くなり、子供がこの唱えのリズムで書けるでしょうか。やはり、「きへん」は無理がありそうです。

ここでは「木を書いて」とは唱えても、いわゆる「木」ではなく「きへん」の形であることを意識させておいて、その上で「木をかいて」で一拍止めて息をつぎ、「ノ一でよこぼう　イをかいて」、「てん一　たてで　よこ三本」とするのがよさそうです。

何度も唱えてみて、口と、手と、その速さがマッチすることが肝心です。それがうまく出来れば、この唱え方にこだわらなくてもよいということです。

口唱法の授業では、唱え方の原則をふまえて、子供たちに唱え方を工夫させながら授業を進めます。唱え方は『漢字の本』の通りでなくてよいのです。要は子供が正しい書き順をふまえて楽しく覚える工夫なのですから。

子供たちがいろいろ考えて発表した唱え方に対して、「まーちゃんのもいいねえ、美智子さんのもいいねえ、誰の唱え方が一番気に入った？　そうだよね、では今日は吉田くんの唱え方でやろうよ、吉田式だから、吉田くん、君がこのタンバリンで大きな声で音頭をとってね」と、こんなふうにして仕向けていくといいと思います。

推奨できるのは、唱え方のゴロがよくて、その唱え方と、唱え方の調子と、手がスムーズに動いて、正しく美しい字が書けるという唱え方、これならば最高なわけです。

お子さんに「観」「歓」「権」の字を、いろいろに分解させ、それぞれ、いろいろに唱えさせてみてください。あるいはご自分で唱えてみてください。そうすると、唱え方の善し悪しがわかってくることだと思います。

ただし、唱えながら書くのは、筆順を覚えるための手段であるということをしっかりと頭に入れておいてください。唱え方を覚えるのを目的にするのは本末転倒であり間違いです。

なお、「観・歓・権」などの字で、書き順を間違いやすいのは「隹（ふるとり）」の部分です。「イ・てん一・たて・よこ三本」のところを「イ・てん一・よこ三本・たて」とする誤りがありますので、ここでは「イに　てん一で　たて」を書いてから「よこ三本」を書くのが正しいことを強調したいものです。


これが、わたしの返事でした。

記憶のカラクリと「強めるドリル」

「忘却とは忘れ去ることなり」といいますが、悲しいかな、人間の「記憶」というものは持続しないもののようです。例えば、今、漢字を一〇個覚えたとしましょう。しかし、せっかく一〇個の漢字を覚えたのに、覚えた直後から二〇分ほど経過すると、四七%も忘れてしまうというのです。一〇字の四七%というと、これは約半分ということになります。それくらいしか心にとどめて置けないというのです。本当なのか、と思いたくなりますが、それが心理学での通説だといわれています。

こんなことを知ると、覚えるのもいやになってしまいますが、二〇分経つと半分の四字は忘れてしまって、五字目があやふやという状態になるわけです。そればかりか、一日経つと五五%、二日経つと六六%、三日経つともうちょっと忘れてしまいます。

そんなことでは、四日も五日も経つと、もうすっかり忘れてしまい、一個も覚えていないことになるではないか——と思うでしょうが、そうではありません。ゼロにはならないのだそうです。

三日経っても覚えていたことは、一週間経っても一か月経っても忘れることなく、そのまま覚えているというのです。人間の記憶にはそういう性質があるというわけです。これは、一九世紀のドイツの心理学者、ヘルマン・エビングハウス(Hermann Ebbinghaus 一八五〇年〜一九〇九年)が発表した学説で、これを「エビングハウスの忘却曲線」といいます。

エビングハウス忘却曲線の図

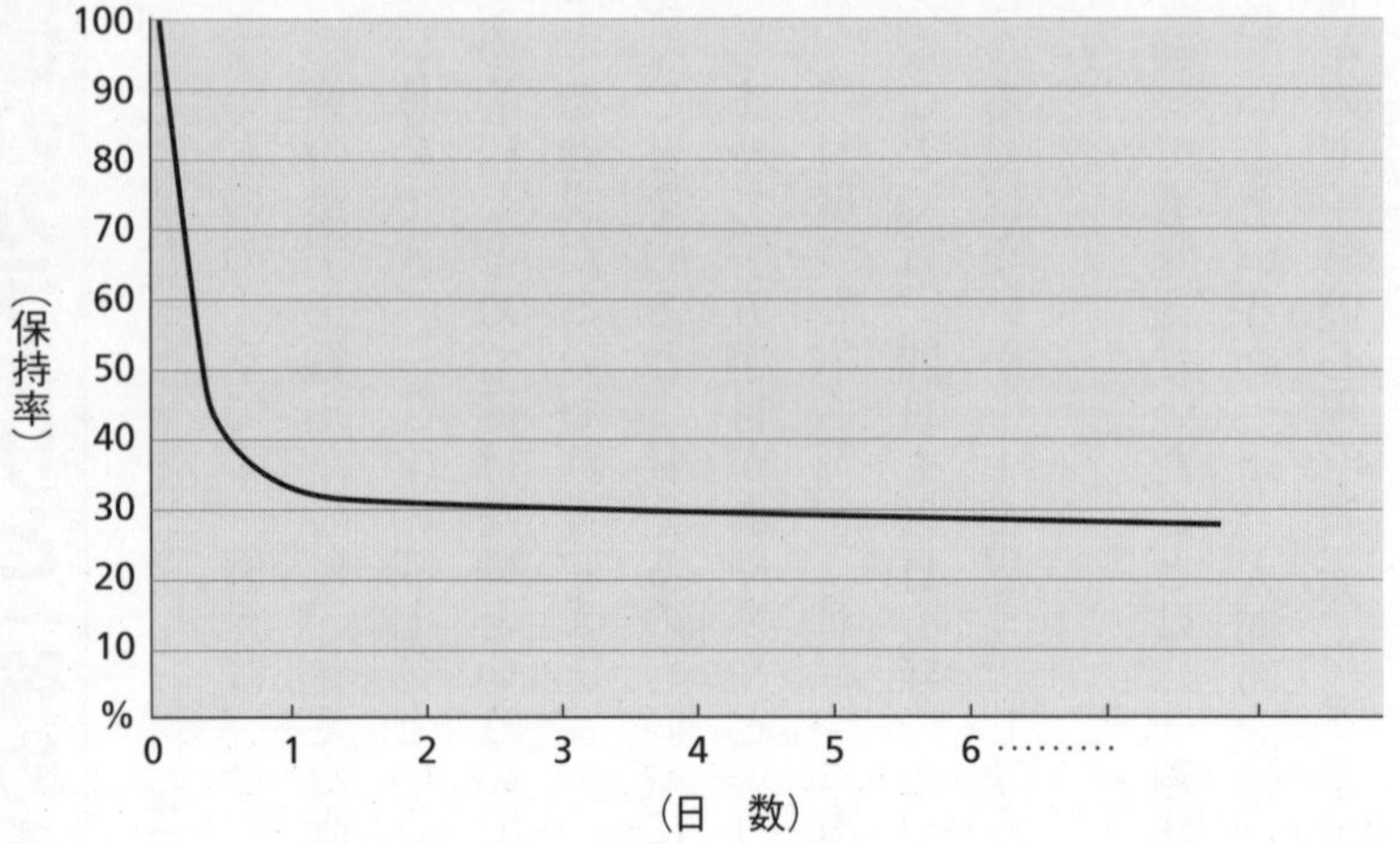

このことからわかることは、人間の脳は、何かを記憶した直後が一番多く忘れるということです。「あらら、何しにここへ来たんだったっけ」とか、「眼鏡、どこに置いたかなあ」などとあちらこちらを探しまわる、などということはよくあることです。恥ずかしいことに、おでこにのっていたなどということもあります。

何かをしようとした直後、違うことを考えたり、新しいものを見つけたりすると、そちらに意識がいってしまうのでしょう。

漢字にしても同じです。覚えた直後が一番多く忘れるということですから、この忘れの一番激しい「覚えた直後」、ここのところで、「強化」すなわち「さらに強めるドリル」をさせればよいのです。心理学では、この「強化」を「過剰学習」といいます。

そういえば、幼かりし頃の楽しかった思い

出、その思い出を時々思い出したり、頻繁に友人同士で話題にしあったりする機会があると、何十年経っても忘れません。頻繁にクラス会など開いている人たちは、一人でいるときでも子供のころを思い出すとか、あるいは懐かしい昔の一こまとして話題に乗せる——ということによって、ここでいう強化、すなわち過剰学習をしているのです。

漢字指導で、そのところを学校の先生方はどうしているのでしょうか。

多くの先生は明治以来の漢字指導ですから、「今日は新しい漢字を一〇字勉強しましたね。これを宿題にするから家で復習しておいで」と言って家庭学習という宿題にするわけです。「家に帰って……」というと、教室で学習してから何時間経つことになるでしょう。案の定、次の日にやってこない子がいます。宿題が出ていたことすら忘れてしまう子もいます。忘れた子が悪いのか、宿題を出した先生が悪いのか……。

エビングハウス博士は、聞いた直後の二〇分で四七％忘れるのが人間の記憶だといいました。子供でも、大人でも、人間の頭というのはそういうものなのだそうです。切ないことです。

忘れを防ぐにはどうしたらよいのでしょう。

そこでまた、心理学の話を持ち出しますが、心理学では、この「忘れ」を防ぐのに、「覚えた直後の二〇分以内にもう一度強化を計れ」といっています。「強化」です。練習（ドリル）をさせればいいわけです。

口唱法はタンバリンを使ったり、手を叩いたりしながら授業を進めます。授業が終わると子供たちは歓声を上げて運動場へ走っていきます。トイレに行く子もいます。そうしたとき、この口唱法で勉強した子供たちの頭の中では、さっきまで勉強していた、あのタンバリンのタンタカ、タンタカという音が踊っているのです。

もし一年生のひらがなの指導だったとしたら、

「よこに　ちょん　たてのしりふり　たまごがた。よこに　ちょん　たてのしりふり　たまごがた」

と言いながら、タンバリンの音が聞こえています。これはひらがなの「よ」の口唱法です。トイレに走って、おしっこをしながらも「よこに　ちょん……」、水を飲みながらも「よこに　ちょん……」と、唱えながら、頭の中にはその唱えているひらがなの「よ」が見えているのです。これを「残像」といいます。黒板に書かれた文字が、あるいは自分がノートに練習した字形（概形）が、目の奥に思い浮かんで来るのです。そして、運動場へ出ると、これまた、多くの友だちが遊んでいます。ほかのクラスの子を捕まえて、

「ねえねえ、よっちゃん、〈よこに　ちょん　たてのしりふり　たまごがた〉って、何か知ってるか?」

こう質問します。

よっちゃんはそんな勉強の仕方を知りません。「知らないよ、なに?　それ」というわけです。

「なんだ、知らないのかよ、いいかい、よこに　ちょん……だろ、たてのしりふり　たまごがた、ほら、ひらがなの『よ』じゃないか。ねッ」

こうして得意になります。
「じゃあ、もう一つ出すよ、〈ななめで　もちあげ　まわして　ぴゅう〉は、なあんだ?」
(ひらがな「の」の口唱法です)
こんな調子です。

漢字学習で効果を発揮する六つのポイント

右の描写は、この児童が、休み時間の運動場でどういう行動(学習)をしている様子なのでしょうか。そうです。実は自分が今まで学んでいたひらがなの「よ」や「の」という字の書き順ドリルを、自分自身がしている姿です。

さっき教室で一斉に学習した文字の、反復練習なのです。先生が復習をしなさいといってもしないような子が、自分から友だちを捕まえて、なぞなぞのように「よ」の唱え方を〈よこに　ちょん　たてのしりふり　たまごがた〉と、書き順を思い出しながら、友人に書いてみせている姿、自分自身が「いいかい」といって**〈書き〉**の練習をしている姿なのです。

自分では先ほどの授業の反復練習だなどという意識は毛頭ありません。しかし、これが立派な「強化」、すなわち反復練習になっているのです。しかも、覚えた直後の最も忘れの顕著な二〇分以内に、反復練習をしているのです。

心理学では、「勉強は他人の頭を使ってしろ」と勧めています。これが上手な勉強法だというのです。ですから、お母さんに問いかけるとか、兄姉に問題を出してもらうなどというのも、いい学習方法なのです。

あのタンバリンの「タンタカ、タンタカ」という音は、五分や一〇分では頭の中から消え去りません。長い休み時間が終わり、次の三時間目の算数の時間になっても残っています。子供によっては、家に帰りながらも、「タンタカ、タンタカ……」と、その脳内の音に合わせてスキップしながら帰ります。イヤホンで聴いているのと同じです。

家で子供の勉強を見てやっているお母さんは多いようです。しかし、お母さんの教え方では子供にはすぐわからなくなるといいます。自分が子供だったころに、先生が教えてくれた教え方を真似て、わが子に教えているだけだからです。

この口唱法を取り入れた教室では、雨降りの日など、子供たちが教室の隅っこに固まって、口唱法のなぞなぞの出し合いっこ（例、一二四ページ）をして過ごすとか、お誕生会に漢字クイズなどといって、口唱法のクイズを出し合ったりして遊んでいるといいます。雨の日に外で遊べないからといって、教室中を駆け回って、どたばた暴れているとか、女の子をいじめている教室とは全然違います。口唱法は学級経営にまでいろいろな革命的波及効果が出てくるもののようです。

もうすでにある程度はおわかりだと思いますが、「口唱法」とは「口で唱えながら書き順を覚える」ための、独創的で、しかも体系的な練習方法です。この方法はとくに、マスターする画数の多い漢字の学習で効果を発揮します。

指導のポイントを整理しましょう。

①口唱法では、漢字、ひらがな、カタカナの字種別に、それらの文字を形作っている点画などの共通の要素を調べ上げ、最小限必要な共通要素だけを抜き出してあります。

②その抜き出された共通の構成要素の一つひとつに、唱え方の呼び名がつけてあります。

③その呼び名を組み合わせた唱え方によって、文字の書き順を唱えようというわけです。

④ですから、その呼び名によって、漢字のすべてに統一的な学習体系が作り上げられています。

⑤口唱法では、唱えることと、その字画を書いていくこととが、手の動きや速さの点で一致するような唱え方でないと、リズミカルな唱え方とはいいません。唱える速度と文字の点画を書く速度（「運筆速度」といいます）と一致するように作ることは、口唱法での大事なポイントになることでもあるわけです。

⑥こうして出来た構成要素の字画を、その呼び方によってリズムを持って口で唱えながら書き、書き順をマスターしていくのが「口唱法」です。

口唱法は、いわば口書き取り方式による字書き歌でもあるわけですから、わたしたちはこの方法のことを「口書き取り」とか、「唱えて覚える書き順（筆順）指導」「リズムで覚える口唱法」などとも呼んでいます。

第六章
口唱法の具体例を紙上公開

旧来の学校での教え方

次は、先生方の研修会で講演したときの講演記録の一部です。その中から「書き順指導」に関する部分をピックアップして、「口唱法」での指導法の具体例を、一部分ですが紙上公開しましょう。

「口唱法」の使い方は、理論だけでは実際の使い方のイメージが出てこないかもしれませんが、この項をお読みくださると、古くから学校で教えていた筆順指導との違いがどこにあるか、なぜ「口唱法」が有効なのか、ということがおわかりいただけると思います。

＊　＊　＊　＊　＊

わたしが「口唱法」を公式に口頭で発表したのは、全国漢字漢文研究会でした。一九六五（昭和四〇）年のことです。この学会で発表してから、すでに四〇年も経っています。その当時、すでに刊行されていた『教育漢字学習字典』（学林書院）を、全県一斉に国語研究部会で採用したというところもありましたが、一般には学校に導入するのに抵抗があったのか、なかなか全国的に普及するというところまではいきませんでした。

ですから、現在のように学校の授業で公式には使ってもらえませんでした。当時の教育委員会は、民間教育研究団体の研究成果（例えば水道方式、プログラム学習や学習研究社の学習雑誌など）の学校現場、教室への導入には消極的でした。この「口唱法」についても同様でした。

こうして四〇年の年月を経た今、単行本としての自著や教育関係の月刊誌などでの発表はともかく、このように公立の教育研究所や学校、PTAなどからお招きいただいて、先生方にお話し出来る機会が与えられるようになったのは二〇年ほど前からですし、それだけ日本の教育界も考え方が変わってきたということの証左でもありましょう。現在では文部科学省の研究指定校を引き受けた学校が、三年計画で全校を挙げて「口唱法」に取り組むようにさえなりました。

そういったわけで、その当時、どちらかというと公立の学校より塾（全塾連）などの方が、この方式に早く目をつけてくれました。とはいっても、私立の小学校（全国的に有名な東京のM学園など）は発売と同時に図書館に導入してくれましたし、教室でも先生方が、個人的試みとして、授業に採り入れてくれるところがなかったわけではありません。

塾では名古屋を中心とした中京地区、京都、奈良、大阪・神戸など京阪神、こうしたところは、いち早く「口唱法」に目をつけて、研究や実践に取り組んでくれました。

というわけで、この「口唱法」による指導の仕方については、本日のメインテーマそのものでもありますから、とくに力を入れてお話しいたします。（笑い）

ところで、みなさんは、どんな筆順指導をしていらっしゃるのでしょうか？

明治以来、学校で一般的に行われてきた方法を振り返ってみましょう。それらの指導法に仮に名前をつけますが、皆さんはこれらのうちのいくつかをミックスして、授業に持ち込んでいらっしゃるのだと思います。

一つめは**「分解法」**ということにしましょう。漢字の一点一画を分解して順に示す方法です。「上」でしたら「|・一・一」、「下」でしたら「一・|・丶」といった示し方です。

二つめは**「積み上げ法」**または「構築法」「構成法」。こんな言い方が一般化しているわけではありませんので、耳慣れない言葉だと思います。わたしが勝手に名付けて、わたしが提唱している「口唱法」と区別しているわけですが、これは筆順通りに、だんだんに漢字を一点一画積み上げていく方法です。例えば「上」という字でしたら「|・ト・上」、「下」でしたら「一・丅・下」というわけですね。

それから、三つめは**「強調法」**です。一筆目はどれを書くか、次はどの部分を書くかといった、筆順を示す部分を強調して提示する方法です。強調の仕方にはいろいろあります。色で強調したり、線の太さで強調したり、実線と点線とで示したり……というような強調の仕方もあります。

四つめは**「番号法」**または「数示法」という方法です。「順数法」といってもよいでしょう。ともかく、筆順通りに一点一画ごとに番号をつけるのです。ここが1、次にここが2というふうにです。「上」や「下」なら画数が三画ですから1、2、3で済みますが、画数の多い字は大変です。

小学校で学習する漢字で、画数の一番多い字は二〇画です。議会の「議」、競争の「競」、保護の「護」と二〇画の字が三字あります。教育漢字を全体的に見ると、八、九、一〇、一一、一二画の五種の画の字がもっとも多いようです。このくらいの画数の字になると、筆順の番号をつけるといっても、その漢字の該当画近くには書けなくなるので、線を引っ張って離れたところに書くようになります。次第にどこが何画目なのか、見ている子供にもわからなくなります。

五つめは**「色別法」**です。「彩色法」と呼んでもよいと思います。

これは強調法の一種と考えてもよいでしょうが、子供と教師との間で、一筆目は赤、二筆目は青というように色の約束をしておきます。とくにこの方法は、戦後、入門期の指導法として取り入れられたものではないかと思います。一年生の教科書などにも載っています。先生方は、この方法がよい方法だと思うのでしょう。この方法で子供にも筆順を教えるのです。ところが、いちいち色の約束がありますから、一筆ごとに色鉛筆を取り換えて書かなければなりません。どの子もお利口さんというわけにはいきませんから、中には色鉛筆を間違える子もいます。

「かず君、二筆目は青っていったでしょう。あなた、どうして赤で書くのよ」

こういって先生に叱られます。

いつでしたか、ある小学校で一年生の漢字の授業を参観させていただいた後、教室から出てきた子供たちをつかまえて、「君たち、今日、何のお勉強したの?」と問いかけましたら、「あのね、僕たちね、色を換えたの!」という返事が返ってきて、周りの人たちとともに大笑いしたことがありました。指導者の担任の先生は、同学年や国語部会の先生方の知恵を借りながら、よりよい指導案を作り、すばらしい筆順指導をしたつもりだったのに、子供たちにとっては色を換える勉強だったようです（ここでは理由は省きますが、この「色別法・彩色法」という指導法には、わたしは大いに疑問を持っています）。

だいたい、明治以来、先生方が行っている筆順を教える方法は、この五つくらいしかなかったのではないでしょうか。みなさんも、今、わたしが挙げたこれらの方法のどれかを使っているのだと思います。

よく、「さあ、手を挙げて〜」といって、黒板に書いてみせる先生の指の動きに合わせて、空書させる方法がありますが、あれは番号法と構成法のミックス型です。

明治以来の日本の教育が「読み・書き・算」だったとはいっても、漢字の筆順指導でまで「算」を行う必要があるでしょうか。せっかく唱えさせるのでしたら、1、2、3と画数や運筆順序を唱えるのではなく、**筆順に従った点画そのもの**を唱えさせたらいかがでしょうか。

今日は、そういうわけで、明治以来の学校での教え方と違う方法として、「口唱法」という、わたしが提唱している方法をお話ししようと思っているのです。

これが「口唱法」！

「口唱法」というのは、読んで字の如しで、書かせるのでなく、口で唱えるのです。子供たちはすぐに書きたがりますが、鉛筆を持ってノートに書かせるのは最後の段階です。

それでは「口唱法」の説明に入ります。

「口唱法」の唱え方を、ひらがなを例にしていいますと「てんを　かき　たてのしりふり　ちょおん　ちょん」、こんな唱え方です。これは【ふ】です。【の】でしたら「ななめで　もちあげ　まわして　ぴゅう」、こういうふうに、口で唱えるのです。

その際、必ず、「ふ」や「の」という字のお手本を展示するなり、黒板に大きく書き示すなりして子供たちに見せておくようにします。わたしは、今こうして、画用紙に毛筆で書いた字をみなさんに見ていただいていますね。このように全員の目の前に提示して、その字形（概形）に意識を集中させます。そうしていっしょに唱えさせます。そうした上で、今度は「てんを　かき　たてのしりふり　ちょおん　ちょん」と唱えながら黒板に書いて見せます。そうして「ほら、こんな形の字だよ」といって、「ふ」の字形の三角形を色チョークで示してやります。「少し下が右上がりの三角だね」「下の部分が揃うようにするんだよ」、こんなことを話してやります。

【の】の場合でしたら、時計の文字盤を書きます。そうして、「一二時から七時まで持っていくんだよ。そしたら、七時から八時までもちあげて、八時から五時までぐるーっと回すんだよ」といいながら、その文字盤に【の】を書いて見せます。そうしたらもう一度、今書いた字の上をなぞりながら、「ななめで　もちあげ　まわして　ぴゅう」と唱えながら書いてみせます。このようにすると字形指導が出来ます。

つい、指導法にまで触れてしまいましたが、後でまた漢字の指導法についてはお話しします。

ところで、カタカナの【シ】と【ツ】は書き分けの出来ない子供がいます。これなども、きちんとした書き分けをさせるように指導する必要があります。ある観光地の売店で「マップ」が「マシプ」になっている手書きの観光案内書を見たことがありました。量販店の受付けで、わたしの名前の「シモムラ」を「ツモムラ」に書かれたこともありました。沖縄では「シ」と「ツ」の違いは三画目の書き方の違いだといわれたこともあります。

これを見てください（といって「シ」と「ツ」のカードを並べて提示する）。

【シ】は、「うえから　てん　てん　もちあげ　ぴゅう」

【ツ】は、「よこに　てん　てん　ななめに　ぴゅう」

「口唱法」では、こう唱えながら書かせます。そうすると、きちんと書き分けられます。

漢字を「口唱法」で唱える

わたしがみなさんの前に立ってから、もう、かなりの時間が経ちました。みなさんも神経を集中してお聞きくださっていらしたようですから、かなりお疲れだと思います。息抜きのつもりで、いくつかの漢字をいっしょに唱えてみてください。

まずこれ、【善】からいきましょうか。

この字の書き順を確認しておきましょう。この字は筆遣いが「上から下へ型」です。まず、このことを押さえます。そうすると、一番上の「ソ」から書き始めることはわかりますね。次は「よこぼう」、これもいいですね。その次です。「よこぼう」を二本書くのでしょうか、それとも「たてぼう」を書くのでしょうか。手を挙げていただきましょうか。

「ソ」を書いて「二」を書いて、その次に「よこぼう」を続けて二本書く人……ああ、いらっしゃいますね。

では、「ソ」「二」の次に「たてぼう」にいく人……ああ、やっぱりいらっしゃいますね。

さて、どちらの書き順が正しいのでしょうか。

どこの集まりでお聞きしても、この【善】という字は、ここで二派に分かれます。どちらでなければならないなどと、わたしはいいません。【上】は二通り、【必】なんていう字は三通りも書き順があるくらいですからね。この【善】もどちらでもいいんでしょうが、みなさんは小学校の先生方ですから、小学校ではどういう順序で書くように教えるかということを、きちんと意識しておいた方がいいと思います。そこで、小学校で教える筆順でいいますと、こうなります。この【善】のカードを見ながら聞いてくださいね。

「ソに　よこ三本　たてを出し、ソ一と続けて　下に口」、こうなります。

「ソに　よこ三本……」、こっちが小学校での教え方です。「羊」という字を書くのですね。

では、みなさんいっしょに唱えてみましょうか。もう一度、わたしが通して唱えてみます（タンバリンをたたきながら節をつけて「♪ソに　よこ三本　♪たてを出し、♪ソ一と続けて　♪下に口」と唱える）。

「では、いいですか、サンッ、はい！」

（全員で一斉にタンバリンに合わせて「ソに　よこ三本　たてを出し、ソ一と続けて　下に口」と唱える）。

「はい、ご協力、ありがとうございました」

「善」は「羊」と「ソ」と「二」と「口」（「羊」に「ソ」「二」の「口」）という部品の集合だと考えられれば、筆順はどうかなどということは問題にならないことですが、こういう漢字の分解の仕方というか、見方というか、そうしたことを常日頃から習慣づけていないと、このような考え方は出てきません。漢字一字一字をじっくり見させる、漢字の構成をじっくり見て分解させるという学習が行われていないと、このような目は養われません。


では、今度は【性】を取り上げましょうか。この【性】は割に単純な字形ですね。「りっしんべん」に「生」です。しかし、間違いやすいのが、この「りっしんべん」の書き方です。書き順が三通りありますね。みなさんは学校でどう教えますか。あっ、三通りといわれて、きょとんとしている方もいらっしゃるようですから、まず、その三通りを説明しておきましょう。

まず一つ目は「、　丨、」という書き順ですし、二つ目には「、　、　丨」という書き順があります。そして三つ目ですが、これは「丨　、　、」というように、たてぼうを最初に書く書き方がありますね。さて、みなさんはどの書き方をしていますか（間、各自、指で書いてみたりしている)。

個人個人の書き方はともかくとして、学校では子供たちに、これらのうちのどれを教えることになっているのでしょうか……。学校での教え方を口唱法で唱えてみます。

◆性……「チョン　チョン　書いて　たてぼうつけて、ノ一の　たてで　よこ二本」

もう一度、繰り返しますね、

「チョン　チョン　書いて　たてぼうつけて、ノ一の　たてで　よこ二本」

タンバリンに合わせて、いっしょに唱えてみてください、「さんっ、はいっ」

「♪チョン　チョン　書いて　♪たてぼう　つけて、♪ノ一の　たてで　♪よこ二本」

「♪チョン　チョン　書いて　♪たてぼう　つけて……」、この部分はいわゆる部首名ですから、「りっしんべん」ということを教えておくといいですね。「心が立っている形」だから「りっしんべん」というのです。他の字と組み合わせるとき「心」の形では組み合わせにくいから、たて長の形にしたものです。こういうふうにして出来たものに、みなさんのよく知っている「にんべん」があります。あれだって「人」と他の字を組み合わせるとき「人」の形では組み合わせにくいから、スマートな「亻」の形にしたんですね。そうすれば「体」や「係」など「人偏」の付く字が作りやすいですよね。

ついでに、このような話も添えておくとよいでしょう。

「りっしんべん」の書き順を覚えてしまったら、いちいち「♪チョン　チョン　書いて

♪たてぼう　つけて……」なんて唱えなくていいんです。「性」だったら、「りっしんべん、ノ一の　たてで　よこ二本」でいいんだよ、と付け加えておくといいですね。

さて、今度は【必】をやってみましょうか。

【必】も書きにくい字ですよねえ。「心」を書いてから「ノ」を付ける人もたくさんいます。小学校では、次のように教えているんですね。

◆必……「てんを　跳ね、ノを書いて　右に流して跳ねてから、左にてんで　右にもてん」

もう一度いいますよ。

「てんを　跳ね、ノを書いて　右に流して跳ねてから、左にてんで　右にもてん」

これも、タンバリンでいっしょに唱えてみましょう、「さんっ、はいっ」

「♪てんを　跳ね　♪ノを書いて　♪右に流して跳ねてから　♪左にてんで　♪右にもてん」

もう一つ、難しい書き順の字に【飛】がありますね。これを唱えてみましょうか。

◆飛……「かぎまげ跳ねて　チョン　チョンつけて、たてぼう引いて　ノを二つ、また、かぎまげ跳ねて　チョン　チョンを書く」

【飛】は九画の字ですから、そんなに画数が多い字ではないんですね。でも、書き順は人によってバラバラ。めちゃくちゃの人もいますからね。一度書き順を覚えてしまえば、形も取りやすいし、書きやすい字なんですがね。

さあ、これもごいっしょに唱えてみましょう。いいですか？「さんっ、はいっ」

「♪かぎまげ跳ねて　チョン　チョンつけて、　♪たてぼう引いて　ノを二つ、♪また、かぎまげ跳ねて　チョン　チョンを書く」

そうですね。子供たちにやらせますと、うまいもんですよ。

「♪かぁ〜ぎ　まぁ〜げ　はぁねてぇ〜　チョン　チョンつけてぇ、♪たぁ〜てぼう引いてぇ　ノぉを　二つぅ、♪まぁた、かぁぎぃまげ　跳ぁねてぇ　チョン　チョンを書くぅ」

こんな調子をつけて歌いだします。一年生のひらがなのときから、ずっと、いろいろな字を唱えているわけですから、上手にもなるわけですよね。まあ、みなさんも明日教室に戻ったら、「昨日、こんな面白いやり方を習ってきたよ」と、子供たちに披露してみてください。受ける（好評を得る）こと確実です。そして、ためしに教室で、これからの書き順指導を口唱法でやってみてください。

口唱法は筆順をマスターする方法

さて、ここまでわたしの話をお聞きくださって、「口唱法、口唱法というけど、そんなのは昔からあった」と思った人はいないでしょうか。確かに、数は多くないようですし、わたしの唱えている口唱法とは似て非なるものではありますが、「昔からあった」といわれるものがあります。

どんなものかといいますと、例えば、旧字体の**【壽】**を「さむらい　フ　エ　一　一インチ

（一吋）」、つまり、武士の「士」、カタカナの「フ」と「エ」、漢数字の「一」と「口へんに寸」、「さむらいのフエの長さは一吋」というわけです。

旧字体の【櫻】を「二貝の女が木にかかる」（二階の女が気にかかる）

【盗】は「次の皿は盗まれる」

【親】は「立ち木のよこで見る人は親」

こういうのは昔からありました。昔、画数の多い字を覚えさせるのに、わたしたちの先人たちはこんな覚え方を工夫したのでしょう。しかし、これらは必ずしも筆順通りに唱えているものばかりではありませんね。それに旧字体が多いです。例えば、医者の【醫】とか……。この方法ですと、現在の【医】は「よこいち　ヤを　ひっかける」と唱えるでしょう。

では、【上】とか【下】とか【川】などのように、画数の少ない字に関してはどうなのでしょうか。こうした画数の少ない漢字に先人の作った唱え方がありますか？　残念ながら、わたしには「く　ノ　一」以外は、画数の少ない字は唱え方を探しても見つかりませんでした。

ということは、これらは必ずしも筆順を覚えさせるものではなくて、いわゆる難しい字、画数の多い字ですね、そういう漢字を覚えさせるための工夫だったのだとみてよいのではないでしょうか。

わたしの提唱している「口唱法」という筆順を「口で唱える方法」は、漢字指導の中の筆順をマスターするための方法として作られたものです。もちろん字体は教育漢字の字体に沿っ

て、ということになります。ですから、画数が少なかろうが多かろうが、どんな漢字にも当
ては まるという原則が必要になります。
漢字をじっくり眺める習慣がつけば、「大」に一画足すと「天」になり、その「天」のよ
こぼうの上まで三画目の「ノ」を突き出せば「夫」にもなり、さらに「夫」にもう一画足せ
ば「失」になる、などという発見も出来てくるのです。「人↓大↓天↓夫↓失（↓太↓
夭↓央）」といったように、「人」から一画ずつ増える字を探して遊ぶことも出来るようにな
ります。

子供たちにこうした頭の使い方というか、思考方法を訓練させていた教室はありません。
漢字を一字としてしか見ていないのです。漢字を塊といいますか、グループとしてみるとい
うことは行われていないようです。

常用漢字一九四五字を一点一画に分解して、漢字がどんな要素から組み立てられているか、
その共通性を調べてみますと、漢字構成の共通要素になる点画を決め（実際には二四要素）、
そのうちのどれかを使えばすべての漢字が書けるということがわかりました（ちなみにひら
がなの構成要素は八種、カタカナは一〇要素です）。

そこで、その漢字の二四要素を、どんな字のとき、どんな使い方をするかという観点から
考えると、三つの原則を作る必要が出てきます。

口唱法の三原則

「原則一」は、文字を「点と線（画）との組み合わせとみる」ということです。

口唱法の基本的な考え方からすると、口で唱えながら文字を書いてみたとき、書き順の間違えようがないという唱え方でなければなりません。それには文字を一点一画に分解し、その一点一画に唱え方の呼び名をつけておき、その呼び名の言い方に従って筆順通りに唱えていくのが最も確実です。これが基本的・基礎的な方法で、口唱法の基本原則です。

❖「し」……ゆっくりと　たてぼう　おろして　まがって　ぴゅう

❖「よ」……よこに　ちょん　たてのしりふり　たまごがた

❖「上」……たて　よこ　かいて　よこながく

❖「下」……よこぼう　たてで　てんつける

この原則一は、学習上、その文字が初めて習う文字である場合、その文字の構成部分が初出である場合、書き順の押さえどころを強調したい場合などに適用されることになります。

「原則二」は、文字を「点や線（画）とまとまりのある部分〈部品〉との組み合わせとみる」ということです。

口唱法では「原則一」が基本ですが、当然のことながら画数の多い漢字の場合、「原則一」によっていたのでは唱え方が長くなり過ぎることがあります。また、文字を構成する要素についての見方を養うという意味からも、その文字の構成部分に既に習って知っている部首や文字（漢字・ひらがな・カタカナなど）と読みとれる部分（これを「まとまりのある部分」という）が含まれている場合に、点画の呼び名とまとまりのある部分の呼び名の組み合わせによって、その文字の書き順の唱え方を決定していく場合があります。

❖「あ」……よこぼう　たてまげ　「の」をつける（よこぼうとたてまげとひらがなの「の」との組み合わせとみる）

❖「も」……「し」をかいて　よこにほん（ひらがなの「し」によこぼう二本の組み合わせとみる）

❖「弁」……ムを書いて　よこぼう　ノを書き　たておろす（カタカナの「ム」と「よこぼう」と「ノ」と「たてぼう」との組み合わせとみる）

❖「定」……ウかんむり　よこ　たて　よこで　人を書く（部首「ウかんむり」と「よこ・たて・よこ」と既習漢字「人」の組み合わせとみる）

「原則二」は、その漢字の構成部分に既習のまとまりのある部分が含まれていて、例のような言い方（唱え方）を採った方が「原則一」によるよりも端的で理解しやすい、あるいはリズム感がよく唱えやすい、あるいは習熟している部分があって書きやすい……など、手と口の動きが合致して学習に効果を発揮する場合に適用されます。

「原則三」は、文字を「まとまりのある部品同士の組み合わせとみる」ということです。

ひらがなやカタカナでこの原則に当てはまるものはありませんが、漢字ではよく使われます。その漢字がまとまりのある部品同士の組み合わせで構成されていて、しかもそのまとまりのある部品が既に習ったものだったとき、そのまとまりのある部品の呼び名によって唱え方を決定することがあります。

この「原則三」は、「原則一」や「原則二」を使うよりも「原則三」を使った方が、書く速さに応じたリズミカルな唱え方が可能となり、書き順を覚えやすい場合、例えば「てへん」を「よこ　たてはねて　もちあげて」とするよりも、「てへんに……」と唱えながら書くことに慣れていて、書きやすいくらいになっているときなどに適用されます。

❖「程」……のぎへんに　口と　王（部首「のぎへん」と「口」と「王」とみる）

❖「庫」……まだれに　車（部首「まだれ」と漢字の「車」に分解する）

すでに習って、もう知っているという字の量が増えるにつれて、書き順指導と限らず活用されるケースが多くなります。

この「原則三」を使うのがよい場合は、その文字を構成する部品がすでに習っているものであり、「原則一」や「原則二」に戻さなくてもよいということがはっきりしているときです。「まとまりのある部品」としての唱え方の方がその文字全体を唱えるのに唱えやすく、手の動きにリズムがよく合う場合などに適用されます。

口唱法というのは、こういう原則に従って、学習漢字全部を学年の段階に応じて分解して、覚えやすく書きやすいというように作ってあります。

タンバリンを活用して

　このへんで、もう少し具体的に教室でのやり方を披露してみましょう。この方法で入門期にきちんとやっておくと、中・高学年になってからほとんど抵抗がなくなります。タンバリンは音楽や体育の授業だけに使うものではありません。筆順指導でも使うといいのです。

例えば、一年生の「**北**」の指導場面だと仮定しましょう。

必ず、大きく書いた「**北**」という字のお手本を、子供たちが見やすいように黒板に展示するか、先生が黒板に大きく書いてやりましょう。

「どう唱えるんでしたか。みんなで、もう一度唱えてみましょう」

といって、「さんッ、はい」と音頭をとります。

「♪よこ　たて　下からもちあげて　♪ノを書いたら　♪たて　まげ跳ねる」

「そう、もういちど！　さんッ　はい」

「♪よおこ〜　たぁてぇ　下からもちあげてぇ　♪ノを書いたらぁ　♪た〜て　まげ跳ねるぅ」

「そうですね。では、もう一度、一の列の子だけで唱えましょう、さんッ　はい」といって、タンバリンをたたいてやります。

「♪よぉこ　たぁて　下からもちあげてぇ　♪ノを書いたら　♪たて　まげ跳ねる」

「今度は二の列の子だけでいいましょう」

「靴下、はいてる子だけでいいましょう」
「スカートの子だけでいいましょう」
「朝ごはんがパンだった子だけでいいましょう」
「今度は立って、あごで書きましょう」
「唱えながら、おしりで書きましょう」

こういうふうに、手を変え品を変えて唱えさせます。タンバリンで調子を取ってやります。

「今度は先生が書いてみます。みんなで唱えてください」

子供たちに唱えさせながら、大きく黒板に「北」を書いて見せます。そうして書いたその字を使って、その字のバランスの注意や、字形の意識や、筆遣いのうちで力を入れるところ、抜くところ、早く書くところ、ゆっくり書くところなどの指導をするわけです。

ところで、子供というものは、書き順の唱え方を覚えてしまうと、すぐ書きたがります。でも、書かせません。「もう一度先生が書いて見せますから、みんなでタンバリンに合わせて大きな声で唱えてください」と言って、筆順を唱えさせます。タンバリンは便利な道具です。右手にチョークを持ち、左手にタンバリンを持ちます。タンバリンは自分の太ももで叩きます。そうしながら右手で大きく【北】を板書します。

すると、「先生、いいなあ、自分だけ書いて……」などと言い出す子供が出てきます。子供たちは、書きたくて書きたくて仕方がないのです。そこで、「みんなも書けるようになったかな」と言います。すると子供たちは「はーい」と元気よく言います。

「じゃあ、黒板の字を消してもいいかな、さあ、消しながら唱えてみよう」

と言って、筆順どおりに一点一画を消しながら唱えさせます。

「ほら、黒板、消えてしまったよ、それでも言えるかな?」

こうやって何回も唱えさせます。黒板に書いた「北」を消しても、子供の頭の中には今まで黒板に書かれていた「北」が残像として残っています。どの子供も消えた黒板をにらみながら、大きな声で唱えます。子供の頭の中には、消えた「北」が見えているのです。そればかりではありません。字形と同時に、肝心な筆順までもきちんと記憶してしまっているのです。

指名されない子は学習に参加していないか

これだけで何回唱えたでしょう。だいぶ唱えましたねえ。ここで、ひとつ考えてください。

「この列の子だけで唱えましょう」「スカートの子だけで唱えましょう」と指示をしましたね。その指示された列でない子、スカートをはいていなかった子、朝の食事がパンでなかった子は実際には唱えなかったわけですが、その子たちは学習に参加していなかったのでしょうか。

そうではありませんね。一人ひとりの子供が、耳は唱えている子の声を聞き、頭の中では自分も友だちの唱える声に合わせて唱えています。そして目は黒板の範書の字を見ながら書き順通りに【北】の点画を追っています。声を出して唱えていた子も、出さなかった子も、目を、頭を、耳を働かせて、体をゆすりながら体全体を使って学習しているのです。一クラス五〇人いても六〇人いても、一斉に覚えられますし、一斉に書き始めて一斉に終わることが出来ます。書き終わりの早い遅いがありません。これも「口唱法」のよさのひとつです。

さあ、いよいよ鉛筆を持って書く段階です。

「いいですか、タンバリンに合わせてゆっくり書くんだよ」

こう言って、初めはゆっくりタンバリンを打ってやります。従来の方法での子供の書きを見ていますと、一筆書いては黒板を見、一画書いては黒板を見る、といった子供が少なからずいましたが、口唱法で学習した子にそうした姿は見られません。それは、既に字形も筆順も点画についての注意点も、きちんと頭の中に入っているからです。そうした上で、タンバリンに合わせて唱えながら鉛筆を動かしているのです。

二回くらい書かせたら、字形や接筆など、先に指導した注意点などの確認をします。

「ここを見てごらん。自分の書いた字が、きちんと上手に〈下からもちあげて〉になっているかな、「もちあげて」…の方向は、次の〈ノを書いたら〉の〈ノ〉に続くようにしっかりと筆が運べているかな? 下のここのところが揃っているかな?」

こうして、字形の確認をさせます。

「あっ、失敗、失敗」「ぼく、ここんとこ、へたになっちゃった」など、口々に言います。

「じゃあ、もう一度書いてみよう、今度は上手にやろうね」

こう言って、また、タンバリンを叩きながら、ゆっくり唱えてやります。この後、少しずつ叩き方を早くしていきます。大丈夫です。うまくいった、失敗した……子供たちは、こう言い合いながら自己評価をします。こうして、自己評価をさせた上で、また数回書く練習です。五回くらい書かせればよいでしょう。

また、先生方にも唱えていただきましょう。最初は「大」です。

【大】は「よこぼうで、左に払って　右ばらい」です。

（全員で）「♪よぉこぼうでぇ、♪ひぃだりぃ（左）に　はぁらぁって（払って）右ばらい」

そうです、次は「耳」です。

【耳】は「よこぼう　たてで　よこ二本　下からもちあげ　たて長く」です。

（全員で）「♪よこぼう　たてで　よこ二本　♪下からもちあげ　たて長く」

今度は「拝」です。

【拝】は「♪よこ　たて跳ねて　♪もちあげて　♪よこぼう四本　♪たて長く」

【生】は「♪ノ一の　たてで　♪よこ二本」

【会】は「♪ひとやねに　♪ニ　ムと書く」

【何】は……ああ、みなさん、この字も面白いんですがね、みなさんは、どう書きますか。

まず、にんべんを書きますね、そして旁《つくり》の方へいって、よこぼうを書きますね。さて、その次にどれを書くのでしょうか。「たて跳ね」を書く先生方、どのくらいいらっしゃるでしょうか。すみませんがちょっと手を挙げてくださいませんか。ああ、あまり多くないようですね。でもいらっしゃいます。

では、「たて跳ね」ではなくて「口」を先に書くという先生方、ああ、これは、たて跳ねの先生方より多いようですね。これが不思議なことに、日本中どこへいっても二手に分かれてしまいます。どうしてこうなるのでしょうか。

実は、小学校での筆順の教え方では、この「何」は「にんべんに よこ一 口で たて跳ねる」という順序で教えることになっています。ですから、「よこ一」の次は「口」なんですね。そうして「たて跳ねる」が最後です。

よく、筆順は初めに間違って覚えるとなかなか直らない——こういわれています。確かにその通りのようです。わたしは 口唱法を作るとき、ここまで意識していませんでしたが、この口唱法を実践してくださった先生方から「この口唱法は、間違って覚えた筆順を直すのに効果絶大だ」、という報告が届き始めたのです。

どういうことかといいますと、口唱法というのは、書き順を口で唱えるわけですね。口で唱えますと、手がですね、手が口のいう通りに動くんですね。口は口、手は手と、別々な動きではないのですね。人間というものは、手と口と頭とが連動しているものらしいのです。

口でいう通りに手が動くのです。

♪にんべんに　♪よこ一　口で　……と、口で唱えますが、今までの習性で、手は「たて跳ね」の方へいきそうになります。ところが、唱えている口が「よこいち　口で……」と言うものですから、手がオットットといって、「口で」の方に戻ってくるんですね。

ですから、こんなふうに間違って覚えてしまった子供には、口唱法で唱えさせながら数回書かせると、間違って覚えていた癖が直しやすいということのようなのです。

それから口唱法は五字書かせても一〇字ずつ書かせても、きちんと筆順通りに一点一画をはっきりと書くのでよいという報告もあります。何字書かせても、「にんべんに　よこ一　口で　たて跳ねる」ですから、きちんと筆順通りに書くわけですね。子供が何人いても早く書き終わる子とか、遅すぎる子というのがないのですね。これは先生方が授業しやすいことらしいのです。

また、ノートに一〇字ずつ書きなさいというと「イイイイイ……」と書いて「一一一一……」と書くという子がいるといった話も聞きます。そうしたやり方では、何のための書き取り練習かわからないということですよね。こんな宿題だったら出さない方がよいでしょう。出来上がった字は「何」でも「何」を書いたことにはなりませんもの。

口唱法はこういう思わぬ効果もあったというわけです。だからといって、タンバリンがなければ口唱法の授業は出来ないなどと思わないでください。両手を打って手拍子をとるのでもよいのですし、中指で教卓を打ってもよいのです。カスタネットでやっている先生もいらっしゃいます。

唱え方のコツはメリハリをきかせること

もう少しやってみましょう。今度は【手】です。

「♪ノをかいて　♪よこぼう二本で　♪たてまげ跳ねる」

この「たてまげ跳ねる」のところは、こんなに曲げなくてもいいのですよ。真っ直ぐにしても間違いではありませんが、教科書の字体が少し曲げて書かれていますから、「たてまげ跳ねる」と唱えるようにしてあるわけです。

次は「くムと続けて　たて　チョン　チョン」、これは【糸】です。

「糸」はひらがなの「く」とカタカナの「ム」と「小」（たて　チョン　チョン）の組み合わせだと見ているわけです。「く」も「ム」も既習の文字です。

ところで、この【糸】を使った字に【素】があります。この【素】は五年生の配当漢字ですが、【素】を唱えるときに「よこ　たて　よこ　よこ　くムと続けて　たて　チョン　チョン」と唱える必要があるでしょうか。

五年生で、こう唱える必要はありません。【素】という字で、書き順を間違いやすいのはどこかといいますと、「糸」の部分ではなくて、糸の「上の部分」です。ここが「よこ　た

てよこ　よこ」なのか「よこぼうを三本書いてから　たて」なのかというところがポイントなのです。ですから、子供の間違えそうな「糸」の「上の部分」を「よこ　たて　よこ　よこ」と唱える配慮をしておくのです。これが先の口唱法の「第二原則」です。

そうすると【素】は「♪よこ　たて　よこ　よこ　♪糸を書く」と唱えることになるわけです。

【家】という字でしたら、まず「宀（うかんむり）……」という言い方を教えてしまいます。「宀（ウかんむり）」は部首名ですから、学年にかかわらず、初めから部首名は部首名として教えてしまうとよいと思います。そうすると、【家】の組み立ては「宀（ウかんむり）に　豕（いのこ）」ですが、まさか「いのこ」では筆順指導になりませんから、

「♪ウかんむり　♪よこぼう　ノを書き　たてまげ跳ねて　♪ノノと続けて　左右に払う」と、こうなります。

口唱法では、唱え方にコツがあります。唱え方はその字の画数と大いに関係があります。書く手の速さと唱え方とがマッチしなくてはいけませんし、字そのものの持つリズムと合わなくてはいけません。これがコツなのです。

【家】の場合、「♪ウかんむり」、まず、ここで一拍おきます。そして次に、「♪よこぼう　ノを書き　たてまげ跳ねて」、ここまで一気にいくんです。で、最後に「♪ノノと続けて　左右に払う」、ここを一つにするんですね。

ですから、この字の場合、唱え方、リズムの取り方、タンバリンのたたき方を三つの固まりと考えます。

♪ウかんむり、

♪よこぼう　ノを書き　たてまげ跳ねて、

♪ノノと続けて　左右に払う

このメリハリをきちっとつけさせる。タンバリンを叩くときに、この一字一字の持っているメリハリさえ覚えさせてしまうと、きちんとした字が書かせられます。「本当にこれが一年生の書いた字ですか？　二年生の書いた字ですか？」と驚かれる先生が多いほどです。一点一画をきちんと止めたり、跳ねたり、きれいな字を書かせるには、この口唱法はなかなかいい方法だと思います。

これ（【通】のカードを出す）は「マ用に　しんにょう」です。

これ（【遠】）は「ど　ろ　い　く　しんにょう」です。

先生方の中には、画数が多くなればなるほど、漢字は難しいと思っている人がいるようですが、それは間違いです。口唱法で勉強した子供は画数が多くなればなるほど、やさしい、面白い、簡単になるといいます。漢字指導を本気で実践研究した人でない、いわば一般の人は、それこそ一般的に画数が多い字は難しい字だと思い込んでいる傾向があるのではないでしょうか。

高学年になるほどやさしくなる

ところで、もう一つ、お話ししておきたいことがあります。

例えば、今日の授業で取り上げようと思う新出漢字が一〇個あったとしましょう。みなさんは、この一つひとつの漢字の全部を、すなわち一〇個とも新出漢字だからと思って筆順を教えていませんか？

「はい、手を挙げて……イチ　ニイ　サン……」という具合に……。

口唱法で指導する先生方はそうしません。どうするかといいますと、まず今日教えようとする新出漢字を、一〇個なら一〇個、全部黒板に並べて書きます。そうして、「今日はこの一〇個の漢字を勉強するけど、書き順を教えるのは三文字だけです。後の七つは教えません」と言います。そうすると、子供たちは、じゃあ、どの字を教えてもらおうか、どの字は教えてもらわなくていいか、頭の中でこうした弁別をし始めます。

実は三つといったのは、今日の新出漢字の中に、初めて習う部首だとか、これまでに一度も見たことのない呼び名を使う唱え方の含まれている字だとか、唱え方が推測できないと思われる字だとか、そうしたものが三つあるということなのですね。子供にとっての本当の意味での新出文字であるわけです。

中学年、高学年になると、教科書では新出文字として取り扱ってはいても、どうしても筆順指導をしなければならないという文字は少ないはずです。構成部品が既習の字同士の組み

合わせだという漢字はたくさんあるわけですから。例えば【省】は四年生の配当漢字では
あっても、一年生で学習した【少】と【目】の組み合わせですから、書き順指導というほど
のことはないでしょう。

そういうことから、今日、集中して教えなくてはならない字は「これと、これなのだ」と
いうことを、教える側がしっかりと認識していることが大事なわけです。

そこで、「教えてもらわなくてもよい字を発表しよう」という学習に入るわけです。

【勇ましい】……これは、一年生で習った「マ」と「田」と「カ」の組み合わせで、「上か
ら下へ型」の字だから教えてもらわなくてもいい。

【温かい】……これは、「左から右へ型」で、右側の旁部分は「上から下へ型」であり、
全体は「さんずいに　日と皿」だから教えてもらわなくていい。

こういうふうに、発表させていきます。そうした上で、「はい、ではこの七つの字は先に
ノートに書いて練習してしまいましょう」と、練習させるのです。

五年になっても六年になっても、馬鹿丁寧に全部の字を空書させたり、ノートに書かせた
りしている授業を見ますけれど、まあ、見せていただくのが研究授業ということもあるので
しょうが、それにしても時間の無駄です。無駄をなくして、その時間にもっともっと充実し
た学習をさせたいものです。

子供に唱え方を作らせる

さて、画数の多い字の扱いに移ります。学習漢字で一番多いのは、一〇、一一、一二画の字です。

【磁】（カードを示す）、これは何画でしょう。

一四画ですか？　こういう画数の多い字は、口唱法ではやさしい字なんですね。それこそ、こんなのは「書き順なんて教えてくれなくていいよ」と言われてしまう字です。「じゃあ、どう唱えればいい？」と、聞いてやればいいんですね。そうすると子供が答えます。

「石へんに　ソ一と書いたら　くムとくム」

これ、六年生の字ですよねえ、六年生の漢字の形態指導というのは、ずいぶん集中的にいい授業が出来るんですよ。教えてもらわなくてよい字がたくさん出てきますから……。ドリルや言葉広げの学習など、その時間にたくさん出来ますよね。

【磁】の部品は確かに「石へんに　ソ一と書いたら　くムとくム」ですね。

「石」も「ソ」も「一」も「く」も「ム」も全部一年生で習った字です。これら「磁」を構成している部品の一つひとつをこうやって、こうやってと筆順指導する必要があるでしょうか。「石へんに　ソ一と書いたら　くムとくム」と、唱えながら書けばいいのです。

次は……【層】、これなども画数が多いですね、何画ですか？

ああ、そうですか、一四画だそうです。

口唱法ではこうした画数の多い字はうれしい字です。「コ　ノ　ソ　田　日」、わかりますか？

「コ　ノ　ソ　田　日」、これでおしまい、簡単でしょう。

【総】＝これも一四画ですね。「糸へんに　ハ　ム　こころ」、簡単でしょう。

【潮】＝これは「さんずいに　十　日　十　月」ね。

【職】＝これは「耳に立つ日のたすきがけ」。

ああ、この「たすき」なんていう言い方は、初めて出てきた字のときに教えてやらないとダメですね。

高学年になればなるほど、筆順の指導というのはやさしくなってきます。時間もあまりとらなくてよくなります。低学年からきちんと口唱法でやってあれば……ですがね。

口唱法というのは、どう唱えなければならないという決まりがないわけですね。ただ原則があって、この字はどの原則を使うのがいいかというだけで、子供の学習レベルによって、その字の見方、漢字の構成要素の分解の仕方が変わってくるわけです。

この【矢】のカードを見てください。

これを「原則一」で考えると、「ノ」と「一」と「一」と「左払い」と「右払い」で五画の字ですが、子供によっては「ノ一の　よこで　左右に払う」と唱える子もいるでしょう。

「大」という字をすでに習って知っている子は、「ノ一の大」とみるでしょう。または「人」は習ったが「大」はまだ習わないという子ならば、「ノ一のよこで　人を書く」とみるでしょう。

それぞれの子供によって見方が異なります。どちらでもいいわけです。こういう子供は、この【矢】という字を「原則二」、すなわち「点や線（画）とまとまりのある部分との組み合わせ」とみることが出来ているのです。

もし、【矢】の中に「ノ一」があると見ることが出来た子は、【星】を見たとき、「日をかいて　ノ一の　たてで　よこ二本」と唱えることが出来ます。「ノ一の　たてで　よこ二本」は「生まれる」という字であり、そうすると、もっと遊び気分を発揮して、その【星】を「日から生まれたお星さま」と見ることが出来るわけです。さらには、【先】にも【毎】にも「ノ一」が含まれていることを知ります。そのほか「ノ一」というと、【年】【竹】【作】【気】などありますね。

そこで、「今日は〈ノ一〉のつく字を勉強しましたね。ほかにも〈ノ一〉のつく字はあるかもしれないよ。調べてみるといいかもよ」とか「〈ノ一〉のつく字って何字くらいあるのかなあ」などと、誘い水をかけておいてやるのです。すると、子供たちは家に帰ってわが家の辞典で調べるようになります。何気ない言い方で自宅学習を促しておくのですね。

次の日は大変です。「こういう字があった、ああいう字もあった」と、得意になって発表する子が増えてきます。「五つ見つけたぞ」「ぼくは四個だった」などと、やる気を起こします。

また、一つの字を習ったとき、その部品の使われている字を、自分の知っている限り想起するようにもなります。こうした学習を積み重ねると、忘れそうになった字を想起することにも役立ちますし、頭の整理にもなるわけで、こんないい勉強はありません。人間の頭というのは本当に面白いものです。

第七章

自学自習のために

口唱法とその周辺

文字はいろいろに分解できる

文字一字一字の構成要素の考え方は、一つの文字について一つということはありません。例えば、ひらがなで考えてみても、【あ】は「よこぼう　かいて　たてまげて　ななめでもちあげ　まわして　ぴゅう」としていますが、ひらがな【あ】の要素は「よこぼう」と「ななめぼう」と「の」という三つの要素を組み合わせたものと見ることも出来ます。また【め】でしたら「ななめぼう」と「の」と見ることも出来ますし、【に】は「たて跳ね」と「こ」の組み合わせと見てもいいと思います。

このことを、漢字に置き換えて考えてみましょう。

【天】は比較的画数の少ない字（四画）です。たった四画の字ではありますが、五種類にも分解できます。その五種類というのは、これです。

①天……一　と　一　と　左払い　と　右払い
②天……一　と　ナ　と　右払い
③天……二　と　左払い　と　右払い
④天……一　と　大
⑤天……二　と　人

これら五つの中で、子供にはどの分解を示すのがよいでしょうか。その決め手は、この「天」という字を学習する子供の、それまでの漢字認知度というか、学習進度（レディネス＝既習・未習の度合い）によって異なります。

「天」を学習する前に「二」も「大」も「人」もすでに学習済みで、それらの書き順がきちんと定着しているか、どうかによります。

①の「天」……「一と一と左払いと右払い」を選択した子供は、まだ、この時点では「天」が「二　と　大」や「二　と　人」の集合だと見られなかったのであり、慣れてくれば「二　と　ナ　と右払い」と見ることも出来るようになります。

そこで、口唱法は書き順の唱えやすさや、子供の学習段階を考慮して、前述したように、基本的な「口唱法の三原則」というのが出来ているのです（注：ここで「基本的な」というのは、ことに高学年などで、「原則の応用」「組み立て」という唱え方を併用することもあるからです）。

唱え方の要領と鉛筆を持つ時期

ここまでは主に、学校で先生がこの口唱法を実践することを前提に話を進めてきましたが、今度は子ども自身が『漢字練習ノート』（偕成社）などを使って、自学自習をすることを想定して、口唱法の生かし方を考えてみましょう。

まず、書き順の唱え方を確認します。

①一字一字、それぞれの漢字について、書き順の「唱え方」を読みます。

②声に出して読みます。何度か繰り返すうちに唱え方のリズムがわかってきます。
③そのときに、手拍子やタンバリン、カスタネットなどを叩きながら唱えると調子が出てきます。座っている子供ならば、中指の先や鉛筆でリズムをとりながら唱えることも出来ます。書き順の唱え方に慣れたら、自分で唱え方を作ることも出来ます。

例えば【山】は「丨」「𠃊」「丨」の三つの部品の組み合わせです。

　　1　　2　　3　　4
一画目「たか　い　たて　♪」（のように四拍で打ちます。ここで一息入れます）

　　1　　2　　3　　4
二画目「かぎ　ぼう　まげ　て」（と、四拍です。ここはちょっと切って、次につなげます）

　　1　　2　　3　　4
三画目「たて　おろ　す　♪」（四拍です。ここで〈終止〉です）

今度は画数の多い【鳥】（十一画）で考えてみましょう。

この【鳥】の構成部品は、「ノ」「丨」「ヨ」「二」「㇆」「てん四つ」の六つの部品に分解出来ます。そこで、これらの唱え方に従って次のように唱えます。

1　　2　　3　　4
ノに　たて　つけ　て

5 6 7 8
ヨを 書い て ♪

1 2 3 4
よこ ぼう 引い て

5 6 7 8
かぎ を はね ♪

1 2 3 4
なか に てん てん

5 6 7 8
よっ つ かく ♪

「書き順」の欄の範字を見ながら何度か唱えさせましょう。そして、書こうとする漢字の字形（概形）と唱え方（書き順）を覚えたら、空書《くうしょ》（今は「空書き」ともいいます）、またはノートの上で、指書きをさせながらリズムを付けて歌わせます。

本を見なくても書けるようになったかどうか、確かめてください。字形が頭に入り、筆順を覚えたという自信がついたら、いよいよ鉛筆を持って書きの練習に進みます。

字形と書き順を覚えないうちに「書き」の練習に進んで、鉛筆を持って書かせてはいけません。一点一画をいちいち見ないと書けないようでは、まだノートに「書く」段階に入ったとはいえません。完全に字形と書き順を覚えないうちに、鉛筆を持ってノートに書かせるような愚は避けてください。

明治以来、学校での文字の教え方の拙さは、「読み書き同時学習」だったことです。初めて習う字なのに、そして、その漢字の字形も理解しないうちに、読み方と書き方を同時に教えます。子供が自転車乗りの練習をする初日に、与えた自転車に跨《また》がらせ、その自転車を押すと同時に支えてやっていた手を離してしまったようなものです。これでは漢字の学習がうまくいくはずがありません。

文字の練習は「読み」から入ります。「読める」ようにならないうちに「書き」の練習に入るのはいけません。完全に読めるようになってから「書き」の練習です。あせる必要はありません。「読み」が先、「書き」は後と覚えてください。

また「書き」の練習でも、完全に字形を覚え、書き順を覚えてからでなければ、鉛筆を持たせないでください。

文字の書き始めを「始筆」といいます。この始筆は四種類しかありません。漢字でもカタカナでもひらがなでも同じです。その四つというのは次の通りです。

① たてぼう（|）から始まる字……上　山　口など
② よこぼう（一）から始まる字……下　木　春など
③ ななめ（ノ）から始まる字……人　生　糸など

④てん（丶）から始まる字……………文　字　育など

漢字の場合、最も多いのは②の「よこぼう」（一）から始まる字です。次いで③の「ななめ」（ノ）から始まる字、そして④の「てん」（丶）から始まる字となり、①の「たてぼう」（｜）から始まる字は最も少ないようです。ですから、書き始めを「よこぼうで…」とか「ななめぼう」、「ノ一のたてで　よこ二本」（生）などと唱えさせることの有効性がおわかりだと思います。

子供には、この字は四種のどれに当てはまる字かと考える習慣をつけさせてください。そうすることによって、必然的に書き順があらまし理解できるようになります。

書いた文字を美しく見せるコツは、次の三つです。

◆「しゅっ」……「跳ねる」ことを表します。
◆「ぴゅう」……「払う」ことを表します。
◆「とん」………「止める」ことを表します。

この三つの筆遣いが出来るようになれば、見違えるような美しい文字になること、請け合いです。書きの練習には「なぞり書き」も必要です。それはより美しい字を書くための補助なのです。一点一画をきちんきちんと唱えながら、ゆっくりと書かせてください。早く筆を運ぶ必要はありません。ここで点画の接し方、位置などを意識させることが大事です。それが美しい字を書くもとになります。点画の長さ、大きさ、接し方などがわかったら、白マスに自分だけの力で書いてみます。

第八章

口唱法で子供は変わる

口唱法とその周辺

「仕向ける」ことの意味と目を養うこと

「画数の多い字」は、比較的覚えやすい字です。前述したように、「差」や「美」は覚えやすいですが、「大」や「山」は覚えにくい字です。それは、「大」が、たったの三画しかないからです。「差」や「美」や「養」なら、「ソ王ノエ」とか「ソ王に大」とか「ソ王が食べる」などとフレーズのようにして覚えられたのに、「大」や「山」は三画しかないため、こうした覚え方が出来ないのです。

口唱法では、「大」を「よこぼうで　左に払って　右払い」とか「よこぼう書いて、左右に払う」と唱えています。すでに「人」という字を覚えてしまった子供でしたら、「よこぼうに人」とか「大は〈一人〉と書く」と覚えてもよいことを発見するように仕向けます。

しかし、「人」を習った子供に、「よこぼうに人」とか「大は〈一人〉と書く」と親や教師が教えてしまってはいけません。子供に、そうとも見ることが出来る、そう言えることを発見させるのです。子供自身が発見したように仕向けるのです。この「仕向ける」というのが親や教師の役目なのです。

ここでいう「仕向ける」というのは、発見させることです。例えば「夫」と「失」を並べて提示します。すると子供は「あれ?」と思います。そして「失」の字形（概形）は「夫」に「ノ」が付いただけだとわかります。この「あれ?」と思わせることが大事なのです。疑問を持った子供は「夫」と「失」について、筆順は?　意味は?　成り立ちは?……といろいろな方面に思考をふくらませていきます。「夫」と「失」とを同時に見せること、そして「あれ？ 似てるなあ」と思わせること。これが「仕向ける」ことなのです。

子供というのは、教わった覚え方は忘れても、自分で発見した覚え方は決して忘れません。ですから、自分で発見したように思わせるのです。ヒントとして目の付け所は与えてもいいのですが、最終的な唱え方、どう漢字を分解するかということは子供自身に探させるのです。そうして親は「なるほど、それはいい分け方ねえ」とか、「その唱え方はわかりやすくていいわね」などとほめてやるのです。それが親の「知恵」なのです。

ことに家庭での勉強のさせ方は**〈子供には考えさせ、発見させ〉〈親はそれをほめる〉**ということだと心得てください。親はこのことを知らないのです。家庭が学校になり、親が先生をやってはいけないのです。

お説教になってしまいました。気分を変えて、もう少し、画数の多い字の覚え方を説明してみましょう。

先に、**【層】**（コ ノ ソ 田 日）や**【磁】**（石へんに ソいちと書いたら くムとくム）などの字を使って、画数の多い字はやさしい字だといいました。それなのに、学校ではこの**【層】**を教えるとき「はい、手を上げてぇ」とやっているのです。そして、「一、二、三〜」と一四（画）まで数えながら書かせているのです。あなたも、ご自分が子供だったころ、このように習ってきたから、自分の子供にもその方法がいいと思って教えているのです。

これは、旧来の教え方なのです。学校での教え方のまねを口唱法でしてはいけないのです。わたしなら、子供に「どう、覚えればいい?」とか、「何型の字?」などと誘い水を与えます。【層】は「上から下へ型」の字で「コノソ田日」の順序で、「コ　ノ　ソ　田　日」と書いていけばいいのですから、子供が【層】を「コ　ノ　ソ　田　日」と分解できる目や、頭を養ってやればいいのです。

今、この【層】という字を例に出したのは、手にした辞典を開いたら、【層】という字のページだったのでそれを使ったのですが、【層】の横には、同じ「ソウ」と読む字で、これまた同じく一四画の【総】が並んでいます。この【総】だったらどうでしょう。

「総」は「左から右へ型」の字で、しかも偏の部分の「糸偏」も、旁の部分（右側）も「上から下へ型」です。ですから、わたしだったら「糸へんに、ハム心」と唱えます。「糸へんに　ハ　ム　心」、やさしいでしょう。

この【総】という字を作り上げている部品（これを「構成要素」といいます）、この部品の「糸」も「ハ」も「ム」も「心」も、どれもが一年生か二年生のときに習った字ばかりです。この【総】そのものが今日初めて習う字（新出文字といいます）だとしても、今更、【総】の書き順でもないでしょう。「左から右へ」「上から下へ」の原則に従って、「糸へんにハ　ム　心」と、この通りに唱えながら書けば、正しい書き順で【総】が書けるのですから……。

いくら新出文字だからとはいえ、学校では、なぜ、「この字の書き順は」……などといって、すべての字について「はい、手を上げてぇ……一、二、三……」とやるのでしょう。それは、わたしが思うに、漢字指導の中で、転移力、応用力といってもいいでしょう、そうした力をつけさせていないからです。

「この字はどんな部品の集まりですか」と言って、「糸」と「ハ」と「ム」と「心」の合わさったものだと発見させればいいのではないでしょうか。

この辞典の【総】や【層】の二つばかり前には【窓】（ソウ）があります。この【窓】でしたら、「あなかんむり」に「ム」と「心」です。この字の部首が「あなかんむり」ということを知らない子供ならば、「うかんむりに　ハ　ム　心」と言うでしょう。それでもいいのです。

書き順としては【総】の「糸へん」が「うかんむり」に変わっただけですから。「よく発見できたね」と、ここではほめておいて、別の機会に「窓」の部首は本当は「うかんむり」ではなく「あなかんむり」なのだということを、知識として教えればよいことです。そうしたときに「漢字の成り立ち」を使うとよいのです。

「議」「競」「護」の唱え方と問題点

漢字は、このように見ていくと面白いものです。辞書は便利なものだということがわかってきます。辞書を見るのも面白くなります。こんな学習方法を採ると、辞書好きの子供が増えてきます。

「窓」の次には、【想】（ソウ）が出ています。これでしたら「木　目　心」（き　め　こころ）でいいわけです。簡単ですし、面白いし、こんな方法で取り上げていたら、すべての漢字の唱え方をやりたくなってしまいます。

教育漢字の中で最も画数の多いのは二〇画の字です。二〇画の字は三字あります。

① 議……ごんべんに　ソ王の　我（ごんべんに　義）

【議】は四年の配当字です。この唱え方でおわかりでしょうが、「議」の構成要素は「言」と「ソ」と「王」と「我」の四つですが、「ごんべん」に「義」とすると、これでは「組み立て」の考え方になってしまいます。そこで「義」を「ソ」と「王」（一年）と「我」（六年）に分けますが、困ったことに「我」は六年にならないと習わない漢字です。「議」を学習するこの時点ではまだ習っていませんから、本当は「ノを書いて　よこぼう長く　たて跳ねて下からもちあげ　たすきがけ」としなくてはなりません。こうした場合、苦肉の策ではありますが、六年配当字の「我」を取り立てて書き順を覚えさせなければなりません。

【議】を四年の配当字にするなら、その前に【議】の構成要素の「我」を三年生で教えておけばよいのに……という先生がいましたが、国では一つ一つの漢字の構成要素を考えて学年配当をするなどということまで考えてはいないのです。だからといって、配当漢字以外の字を教えてはいけないなどということはありません。

②競……てんいち　ソいちで　口を書き　ノを書き　レを書き　立つに兄

【競】の構成要素は「立」と「兄」が二つ並んだもの、のように見えるでしょうが、そうではないのです。左右の「兄」部分をよく見てください。

右側（旁部分）の「兄」は「兄」でよいのですが、左側は「兄」ではなくて厳密にいうと「口」と「ル」の形です。この部分を「儿」の形にすると入学試験や学級の漢字テストなどでバツにする採点者（先生）がいるというのです。そこで仕方なしに作ったのが「……ノを書き　レを書き　立つに兄」というわけです。こうして唱えれば子供はこの部分を意識して書き分けるようになります。

しかし、わたしには「立に兄」が二つで何が悪い、という意識がいまだにあります。左側の「兄」の「口」の下を「ル」の形にするのは単なる活字作りの便法でしかないのです。そうしないと右側部分とぶつかり合うから幅を縮めるために「儿」の右を「乚」としないで「レ」としただけなのです。

「木へん」を「木」としないで「よこ　たて　ノ　ちょん」としたのと同じです。「木へん」の「村」を「村」と書いてバツにする人はいません。形が平べったすぎるといって注意されたり、形が悪いと笑われたりはするでしょうが、それだけのことです。

③護……ごんべんに　サ　イ　てんいちで　たてぼう書いて　よこぼう三本　フに右払い

五年生配当字【護】の構成要素は、「ごんべん」と「くさかんむり」と「隹」と「又」の組み合わせです。ここで【護】の字形は「左右型」で旁部分は「上から下へ型」で何にも難しいことはありません。書き順として注意したいのは「隹」です。「隹」は「スイ・ふるとり」といい、尾の短い鳥の形から出来たものです。

注意したいのは「ノ　たて　てんいち」の次が「たて」なのか「よこ」なのかというところです。「進」でも同じですが「ノ　たて　てんいち」を書いたあと「よこぼう三本を書いてから　最後にたてぼう」を書く人がいます。正しくは「ノ　たて　てんいち　たて　よこ三本」です。そこで「イに　てんいちで　たて　よこ三本」と唱えさせるわけです。

老婆心ながら「隹」の下の「又」についても触れておきましょう。「又」はカタカナの「ヌ」の形ではありません。これも「フ」と「㇏」であり「右払い」の形を作ります。「又を書く」としたいところですが、教育漢字に「又」が入っていませんので、あえて「フ」と「右払い」の形だということになるわけです。

漢字をクイズ遊びに

こうした唱え方から、子供たちは遊びを考えて楽しみます。子供は遊び作りの天才です。漢字までも遊びやクイズに利用してしまいます。

❖「さんずい」に、「ユ」「人」は、なあんだ?……………決
❖「サニム」は、なあんだ?……………………………芸
❖「日」に「てんいち」で、「口」に「小」は、なあんだ?………景
❖「ク」を書いて、「ヨの中長く」、「たて跳ねる」は、なあんだ?……争
❖「もん」に「みみ」をつけてどうしてる?……………聞いている
❖「もん」に「くち」つけてどうしてる?……………問うている
❖お「日」様から「生」まれたものはなに?……………星
❖お「日」様の上に「立」って聞こえるものは?…………音
❖「ドスン」と鳴るのはどこのかね?………………寺
❖「一」を「止」めたらどうなるか?………………正しい
❖「一ノ目」に「なつあし」は　なあんだ?…………夏
❖「マ用」に「しんにょう」　なあんだ?…………通
❖「米」に「しんにょう」　なあんだ?…………迷
❖「刀」に「しんにょう」　なあんだ?…………辺
❖「土」と「羊」に「しんにょう」　なあんだ?…………達する

きりがありませんからここでやめておきますが、こんなふうにわたしのノートには子供の作ってくれたなぞなぞがいっぱいあります。子供はこうして遊んでいるのです。というより遊んでいるつもりが書き取り練習になっているところが面白いと思いませんか。

同じ「部品」をまとめてみよう、漢字を見るコツ

「てんいちで……」とか「てんいちに……」などと唱える漢字は、教育漢字だけで六四個もあります。典型的なのは「立」「文」「言」「交」などでしょうか。これらの漢字をいくつか、それぞれ唱えてみましょう。

❖「立」……てんいち　ソいち

❖「文」……てんいちで　左に払って　右払い

❖「言」……てんいち　よこ　よこ　口を書く

❖「交」……てんいち　ハを書き　左右に払う

❖「音」……てんいち　ソいち　日を下に

❖「章」……てんいち　ソいち　日に　十を書く

❖「姉」……おんなへん　てんいち　たてかぎ跳ねて　たて長く

❖「育」……てんいち　ムをかき　月を書く

❖「意」……てんいち　ソいち　日に　心

❖「忘」……てんいち　たてまげ　心を下に

❖「商」……てんいち　ソを書き　たてかぎ跳ねて　中にハをまげ　口を書く

❖「対」……てんいちに　メを書いて　よこ　たて跳ねて　てんを書く

❖「痛」……てんいち　ノを書き　ンをつけ　中に　マを書き　用を書く

❖「広」……てんいち　ノ　ム

❖「顔」……てんいち　ソいち　ノに　ノを三つ　右に大きく　一ノ目ハ

❖「辞」……ノいちの　たてで　口を書き　てんいち　ソいちで　十を書く

これらの字はどれも「てんいち」を持った字です。「てんいち」と言うと、子供たちの頭の中には「亠」の形が思い浮かんできます。と同時にこれらの部分（部品・構成要素）を持つ漢字を探り出す脳の働きが起こるのです。そのときの想起の仕方は各人の学習の成立に応じて、ということになります。その差はその子がどのくらい漢字を知っているかによって違います。

「よこ　たて跳ねて　もちあげて」と言ったら「てへん」です。「フに右払い」と言ったら「又」という字です。子供たちは、こういうふうに覚え込んでいます。

ですから、子供たちが口唱法遊びをするとき、問題を出す子が「よこ　たて跳ねて　もちあげて」というと、答える側の子は「アッ、『てへん』（扌）のつく字だな！」と思って、自分の知っている【扌】（てへん）のつく字をいろいろと思い浮かべます。「投・打・拾・指・持・折・担……」と、数多く思い浮かべられる子も、貧弱にも二字くらいしか思い浮かべられない子もいます。

問題を出す子の言葉は続きます。

「よこぼう引いたら　たて跳ねる」

おや？　予想していた字ではないぞ、別の字だ（ここで、問題を出された方の子は自分で問題を反復してみます)。

「よこ　たて跳ねて　もちあげて、よこぼう引いたら　たて跳ねる」

心の中ではこう反復しながら、頭では口書き取りをしています。

「そうか、なるほど、〈打〉だ。そうだ、打者、打球などというときの〈打〉だ」

子供の頭の中では、こういう思考の過程を経て、答えの「打」が決定されます。こうした思考の活動が大事です。子供のときにたくさんやらせておくのです。たくさんの漢字を知っていれば、それだけ「唱え方」に該当する漢字を想起するのも楽ですし、漢字学習を「**〈成した〉だけの価値**」が発揮されるところです。

「てんいち　ソいち」というと「立」でしたが、この「てんいち　ソいち」をもとにして、漢字広げをしてみましょう。子供はこういう遊びをとても好みます。

❖「にんべんに　てんいち　ソいち」は、なあんだ……………位
❖「にんべんに　てんいち　ソいち　下に口」は、なあんだ………倍
❖「てんいち　ソいち　日を下に」は、なあんだ…………………音
❖「てんいち　ソいち　日に心」は、なあんだ……………………意
❖「にんべんに　てんいち　ソいち　日に心」は、なあんだ………億

脳の働きを活性化

こうした漢字広げの遊びに、子供は非常に興味を示します。勉強嫌いの子供が、こうした漢字遊びのおかげで勉強（漢字の）が好きになってしまった例さえあります。学校の教室でこの遊びをやらせると「まだ習わないもん」といって、知らなくて当然といった顔をする子がたくさんいます。しかし、口唱法で学んだ子供は、わたしの知っている限りでは、こうした態度をとりません。彼らには何年生の配当漢字などといった考えはないのです。

次のような遊びさえ考え出してしまいました。

❖イム……仏
❖イニ……仁
❖イニム……伝
❖イロホ……保
❖タタ……多
❖タト……外
❖ハム……公
❖ムロ……台
❖ナヌ……友
❖ナエ……左

❖ツ　ワ　ロ　ノ　ロ……………………営
❖ウ　ロ　ノ　ロ……………………宮

これはカタカナだけで構成されている漢字を拾い集めてクイズにしたものです。遊びの中で発展的に条件をつけて漢字広げをしている子供も出てくるのです。こうした子供にとっては、漢字は遊びの道具なのです。勉強のつもりなどといった意識はないのです。勉強というと嫌がる子供でも、刺激の与え方によってこうも変わるものなのです。

「学　営　覚　栄」を見てください。「ツワ」を除いた部分は、何という字でしょう。

❖学……………………ツワ・子
❖営……………………ツワ・ロノロ
❖覚……………………ツワ・見
❖栄……………………ツワ・木

どうですか、ちっとも難しい字ではないでしょう。子供は「ツワ」のつく字を集めるのです。「てんいち」のつく字を集めたのと同じです。口唱法での学習に慣れると、こうした見方が出来るようになるのです。あなたも、これを教えたあとで「ツワ」のつく字だけでなく、「ノッ」のつく字もあるよ、と教えてやってください。

実は、こうした刺激を与えることの出来る先生がすばらしい先生といえるのだと思います。そうすると、子供は「愛　受　暖　採　菜　授」などの字を探し出して、自分の発見に大喜びをするでしょう。

「あったよ」といって持ってきたら、ほめてやってください。「よく探したね」と。そして「一ノ目ハ」のつく字も探してみると面白いかもね、といっておくのです。

「一ノ目ハ」というのは「頁」（おおがい）です。

❖よこ　たて跳ねて「一ノ目ハ」……………頂
❖てんいち　ソ一　ノを書いて　ノが三つで「一ノ目ハ」……顔
❖一ロソ一「一ノ目ハ」………………………頭
❖日　一　たて　よこ　人を書き　右に大きく「一ノ目ハ」……題
❖米に　大きい「一ノ目ハ」……………………類
❖よこ一に　ノをつけて　たて　日に小で「一ノ目ハ」……願
❖三ぼん川に「一ノ目ハ」………………………順
❖ひとやね　チョンで　マを書いて　右に大きく「一ノ目ハ」……領
❖かなのマとフで　たて跳ねて　右に大きく「一ノ目ハ」……預

「一ノ目ハ」が「頁」だとわかった子供は、自分の頭の中に雑多に入っていた漢字の中から、これらの字を選び出し、整理を始めます。親はそのためのちょっとしたヒントを与えてやればよいのです。こうした学習をすれば、新たに「頁」がすべて「つくり」となって漢字の中で働いていたことに気づくでしょう。そうして子供は自分の大発見に大喜びをするはずです。

これまでの漢字指導で、このように脳細胞を働かせ刺激を与えて、勉強とも思わないで積極性を発揮させられる学習法があったでしょうか。「ノ一」というと「毎　竹　枚……」を、「てんいち」というと「主　立　率　育　卒……」をという具合に、頭の中にそれまでに入っていた字を思い起こすのですから、面白いではありませんか。

こうして脳を刺激し、本来子供の持っている頭の働きを活用して、「家に帰ったら、今日習った〈ノ一〉のつく字を辞典でさがしてごらん」と言い添えてやればいいのです。

口唱法は、文字を筆順に従って、唱えながら書かせる方法ではありますが、このように、頭の中に一字一字バラバラに入っていた（覚えていた）漢字を、共通性を持った部品のグループとして、整理・統合するような頭の働きを促す効果もあるのです。

第九章

書き順なんてこわくない

口唱法とその周辺

筆順の「違い」と「間違い」

久しぶりに、夕方、若い友人（小学校教師、専門は理科）が、わたしのオフィスに寄ってくれました。

「やあ、久しぶりだねえ」とお茶を入れると、「実は、同僚から、あなたの書き順は〈違う〉と言われたけど、どうもわからない」と言うのです。それで書店に来るついでがあったので、わたしの考えを聞きに寄ったというわけです。何がわからないのかと問うと「どうも理屈がよくわからない。僕にわかるように説明してくれ」と言います。そして近くにあった紙に書いたのが、「有」と「上」と「界」という漢字でした。

彼の質問は、これらの漢字の正しい書き順と、その順序で書かなければならない理由だというのです。わたしは、彼がどう書いているのか、「普段書いている、あなたの書き方で書いてみてくれ」と言いました。彼は躊躇なく書き始めました。次に示すのが彼の書き順です。

◆有……一　ノ　（「月」）
◆上……一　｜　一
◆界……｜　㇕　一　一　一　（「介」）

これが彼の書いた書き順です。「有」は六画、「上」は三画、「界」は八画なのですが、「有」と「界」の「月」、「介」の部分は、この場合の書き順では問題ありませんので、一点一画に分解せず、「月」と「介」の形のまま載せました。その方がお読みいただく上で、どこが問題なのかということが、鮮明になると思うからです。

さて、わたしは彼の書くこれらの字の書き順を、目を凝らして見ていました。彼は書き終えて「どうですか?」とばかりに、わたしの顔を見ます。

わたしは、お世辞を抜きに「それでいいじゃないの、立派なものじゃないの」と言ってほめました。彼は意外だとばかりにわたしに言います。

同僚たちは、この書き順は間違いだというんです。「有」は「ノ 一」の順に書くのが正しくて、「上」は「丨 一 二」の順だし、「界」の上部の「田」の部分の四角の中の「十」は「たて よこ」の順が正しいのだといわれたんです……と。

彼は書き順にはまるっきり自信がないので、「そうなのかぁ、だとしたら、僕の書いたのがいけない理由を教えて欲しい」とお願いしたけど、だれも教えてはくれなかったというのです。そして「だけどさあ、先生みたいに、僕の書いた書き順でいいなんて言った人は一人もいなかった」というのです。

いやはや、困ったものです。彼ら教師間でさえ、漢字の書き順についての知識は、どうも混乱というか、誤解が起きているようです。というのは、若い友人の書き順で少しも「間違い」ではないし、また、彼の同僚教師たちの言うように「明らかに間違い」だともいえるからです。それは「場合によっては」ということであって、シチュエーション(状況・場面)の問題です。

この章では、おいおい漢字の「書き順の決まり」について述べていきますが、書き順については、学校現場だけでなく、わたしたちの日常生活でも混乱があるようです。よく、いろいろな人の間で、「左、右」の書き分けや「必」「飛」「皮」などの書き方が話題に上がることがあります。「筆順の決まり」には「原則」のほかに、「例外」がかなりありますから、それがさらに混乱に拍車をかけているのだと思います。

しかし、原則に当てはまらない例外がかなりあるということは、「筆順の決まり」を統一的に作るということが、それほど難しいことなのだという証でもあるのかもしれません。漢字の書き順は、難しいと思う人には、理屈抜きに「何といっても難しい」と思えるようです。何かうまい方法はないものでしょうか。

わたしは今、若い友人教師の書き順でも「間違い」ではないし、また場合によっては「明らかに間違い」だといいました。その理由に入る前に、筆順がどうしてあるのかということから考えて見たいと思います。

筆順は、漢字が現在の字形に定まってくるまでの間に、いや、漢字が初めて作られたころから今日までの、ずっと長い間の経験の集積によって出来てきたものであることは間違いありません。あるとき、ある人が、一つひとつの漢字について、この字はこう、この字はこうと、書き順を決めていったのでないことは確かでしょう。漢字がみんなの共有物として使われ、生きてきた過程の中で、多くの人がそれぞれの字について、正しく、そして、なるべく速く、美しく書くことを目指してきたはずです。そうした経験の集積として出来てきたものが書き順というものになったはずです。だれもが大体「そう書く」というように確定されてきたものが大体の基準となり、それが普通に「筆順」といわれるものになったのでしょう。と、すれば、それは実はいちばんやさしい効率的な書き方といえるのかもしれません。

そこで、原則のほかに「例外」がかなりあるということもわかってきます。多くの人が書いている書き方をそれとなく観察すると、だれが書いても同じ順序で書く字もあれば、別の字については、こういう順序で書いている人もいるし、またそれと違ったところから書く人もいる、というようなことがわかってきます。その結果、筆順が二つ（まれには三つ以上）残って、どちらも捨て難いというものが出てきます。そういう字については、これはどちらも正しい筆順であって、そのうちの一つを誤りだとはいえないということになります。これは一つの漢字についての書き順の「違い」であって、「間違い」ではないということになります。

長い寄り道になりましたが、わたしが「それでいいじゃないの、立派なものじゃないの」といって友人をほめた理由がわかっていただけたでしょうか。

「筆順の決まり」によると、原則の8に「よこ画と左払いが交差している字」で、

⑴《よこ画が長く、左払いが短い字では、左払いを先に書く》という決まりがあります。

これが「有」に当てはまります。「有」は「ナ」の部分が「よこ画が長く、左払いが短い字」に該当しますので、「決まり」によれば「ノ　一」の順で書くことになります。「右　布　希」

などもこの決まりに該当します。それに対して、

(2)「よこ画が短く、左払いが長い字では、よこ画を先に書く」という順に書く字もあります。これに該当するのが「左　友　在　存　抜」などです。「左」と「右」という字の書き順は違うのだといいますが、それはこうした理由からなのです。

次いで「上」です。

「上」は「特に注意すべき筆順」の中で、(1)、「広く用いられる筆順が二つ以上あるもの」について、「止」、「正」の「止」の部分、「足」の「口の下の部分」、「走」の「土の下の部分」、「武」の「止の部分」などは「たて　よこ」の筆順しかありません。

それに対して、(2)「上」、「点」の「卜の部分」、「店」の「卜の部分」などは「たて　よこ」の順に書くことも「よこ　たて」の順で書くことも行われますから、どちらが間違いということはありません。ただし、小学校では「たて　よこ」の順を教えています。

「界」は原則の二に《よこ画とたて画が交差したときは、次の場合に限ってよこ画をあとに書く》というのがあり、「田」や「田の発展したもの」がこれに該当します。従って「田」の「十」部分は、「たて　よこ」の順で「よこ画をあと」に書くことになります。

「界」の上部の、「田」の部分の四角の中の「十」の書き順は「たて　よこ」の順が正しいのだといわれたというのは、こうした理由からなのです。

「たて　よこ」の順が正しいというのは、学校教育での話です。現在、学習指導上のよりどころとしているのが、文部省(現文部科学省)刊行による『筆順指導の手引き』(一九五八年

三月刊）です。この『筆順指導の手引き』は廃刊になっています。書店などで『常用漢字の筆順』として販売されているものは、この一九五八年三月刊の『筆順指導の手引き』（文部省編）に準じて各社が独自で作ったものであり、内閣告示などによるものではありません。

「有」「上」「界」などの字は、わたしの若い友人が書いているような順序で書く人はたくさんいますし、間違いではありません。同僚の先生方が彼に間違いだといったのは、「『学校での教え方』『学校での筆順指導』としては」ということであろうと、わたしは解釈するのです。シチュエーションの違いというのはそういうことなのです。一般社会で通用する書き方としては間違いとは言い切れません。

正確に言うと、彼の書き順は「間違い」ではなくて、「学校で教える筆順」とは「違う」ということでしかなかったのです。先生方が、『筆順指導の手引き』によらない書き方は「間違い」だと思っているのかもしれません。しかし、普通は突拍子もない書き順で書く人など、あまりいませんから、そんなに目くじらを立てて言い争うことはありません。そんなことより、字形が正しく、美しい字を書くことを心がけるのがよいでしょう。

書き順は口で唱えながら書くとよい

漢字の書き順を覚えるには、書き順を口で唱えながら書くのが最も覚えやすいと思います。「書き順を口で唱えながら書く」ということは、手本を「見る」という行為ばかりでなく、その過程で、手を使い、口を使い、頭を使い、そうしながら、書いて「手が覚える」という、五体を使った行動があるからです。しかもよいことに、漢字には、同じ、あるいは似たような部分を持つ字が多いので、同じ漢字や同じ部分はいつも同じ書き順で書くということになります。これがいわゆる知らず知らずのうちの「習熟」につながります。

例えば「雪」という字の字体をじっくりと見ますと、「雨かんむり」の下の「ヨ」の部分は真ん中のよこぼうが右側に突き抜けていませんが、「君」や「事」や「律」では、よこぼうを突き抜けて書きます。字形の特徴として「下や上に突き抜けるたてぼうを持つ字は、よこぼうも突き抜ける」ようになっています。「君」は「ノ」の部分が、上は止まっていますが下は突き抜けていますし、「妻」でしたら上は突き抜けていますが、下は突き抜けていません。「事」などは最後に書くたてぼうが、上から下まで通っています。こうした字は「ヨ」の真ん中のよこぼうも突き抜けます。

しかし、「雪」は「雨かんむり」のたてぼうが「ヨ」の上で止まっています。下まで突き抜けていないので、よこぼうも突き抜けないというわけです。これで分かるように「ヨ」の真ん中のよこぼうが突き抜ける形の字は、すべて「ヨの中長く」と唱えて覚えると確実です。

驚くなかれ、「ヨの中長く」を含む字には、次のようなものがあります。

「兼」は「ソ一と書いて　ヨの中長く　たてぼう二本で　左右に払う」と唱えるのですが、このように「ヨの中長く」を含む漢字はたくさんあります。その漢字一字だけの書き順しか意識しないと、似た要素を持つ字をグループ化して見ることは出来ません。いくつかの漢字の唱え方を例示してみましょう。
「兼」……ソ一と書いて　ヨの中長く　たてぼう二本で　左右に払う
「書」……ヨの中長く　よこ二本　たてぼう引いたら　漢字の日
「君」……ヨの中長く　ノに口つける
「事」……よこいち　口を書き　ヨの中長く　たてぼう上から突き抜け　跳ねる
「争」……クを書いて　ヨの中長く　たて跳ねる
「静」……よこ　たて　よこ　よこ　月を書き　クに　ヨの中長く　たて跳ねる
「律」……ぎょうにんべん　ヨの中長く　よこ二本　そして終わりに　たて通す
「建」……ヨの中長く　よこ二本　たてぼう通して　フを続けたら　右払い（「えんにょうを書く」でもよし）
「群」……ヨの中長く　ノに口つけて、ソに　よこ三本　たて長く

もう、おわかりでしょうが、これらの字はどれも「ヨ」ではなく「ヨの中長く」を持った字です。「ヨの中長く」というと、子供たちの頭の中には「ヨ」の形が思い浮かんできます。

このことは一九五八年に発表された『筆順指導の手引き』による「それぞれの文字の同一の構成部分は、一定の順序によって整理されていることが、学習指導上効果的であり、効率的でもある」ということとも一致します。と同時に「ヨ」の形を「ヨの中長く」と唱えることによって、これらの部分（部品）を持つ既習のいくつかの漢字を探り出す脳の働きが起こるのです。このことは漢字を覚える上で非常に便利であり、大きな利点でもあります。

正しく速く、読みやすく整えて、丁寧に美しく

次のような実験をしたことがありました。ある幼稚園で、漢字の書き順を全然知らない幼児に「上」をどのように書くか、試してみたのです。一人三回ずつ書いてもらいました。

その結果多かったのは、予想していた三通り（でたらめを入れると六通り）で、「そうだろうな」と、みんなでうなずき合ったことでした。

幼児でも「上」という字のお手本があるわけですから、「上」という形を作る（書く）ことは出来るのですが、「上」は「たてぼう」と「短いよこぼう」と「長いよこぼう」という三つの部品から出来ているわけで、「上」という漢字を知らなくても、これを組み合わせれば、何とか「上」らしい形は出来上がるわけです。

三通りの中で、われわれ大人が書いている書き順に即しているのは、

①「上のよこぼう　たてぼう　下のよこぼう」という順の書き方と、

②「たてぼう　上のよこぼう　下のよこぼう」という書き方の二つです。

三つ目の「下のよこぼう　たてぼう　上のよこぼう」は大人の世界では間違いとされます。それは③の「下のよこぼう　たてぼう　上のよこぼう」という書き方では、だれが書いても筆の動きがつながりませんし、不自然だからです。

漢字はたて書きにすることを基本として作られています。パソコンが普及した現在ではよこ書きの文書も多く見かけられますが、基本はたて書きです。そしてもう一つ、右手で書く

ということを想定しています。ですから、例えば「一」を書くとき「上から下に」向かって線を引き下ろします。「下から上へ」引き上げるのは、右利きの人にはやはり不自然です。

漢字は「たて書きが基本」ということを理解し、納得していただくのは簡単です。まず、ひらがなで「ぬれ」とよこ書きとたて書きの両方を書いてみてください。だれでもたて書きの方が「ぬ」から「れ」に筆が移行しやすいことがわかります。今度は漢字の「奴礼」をたて書きとよこ書きで書いてみてください。よこ書きにすると続け書きがしにくいことがわかります。

続け書きというのは、筆順の必要性の「正しく速く書く、読みやすく整えて書く、丁寧に美しく書く」という精神の「正しく速く」にも合致したことで、文字を書く上での大事な要素の一つです。

ところで、この実験でもう一つ面白いのは多くの幼児が①と②の書き方に集中したということです。筆順についての知識もない幼児でも、この二つに集中するというのはなんと面白いことでしょう。実は「上」の書き方は、昔から次の二通りがありました。

①「よこ・たて・よこ」

②「たて・よこ・よこ」

どちらも間違いではありません。小学校では②の「たて」を先に書かせる書き順を教えています。漢字全体の形が整えやすいですしバランスが作りやすいからです。だからといって、これだけが正しくて、それ以外は間違いだということではないのです。

そのことについて前出『筆順指導の手引き』には「ここに取り上げなかった筆順についても、これを誤りとするものでもなく、また否定しようとするものでもない」と書かれています。ただし、このように二つ以上の筆順のあるものは数ある漢字の中の例外です。二つ以上の筆順が通用するものに「馬」「飛」「必」などがあることはご承知のとおりです。（一七三ページ「筆順の決まり」②筆順が二つ以上あるもの 参照）

筆順の必要性には、もう一つの面、「速く、整えて」ということがありますが、これを述べるには、「何」という字の筆順を例に挙げるとよいのではないかと思います。わたしは漢字の講演に招かれたとき、必ずこの「何」の書き順を会場のみなさんに尋ねます。大人の集まりでも子供の集まりでも同じ結果です。

「何」は必ず書き順が二派に分かれる字です。それは、

①「イ　よこ　たて跳ね　口」と「口」を最後に書くグループと

②「イ　よこ　口　たて跳ね」と「たて跳ね」を最後に書くグループです。

小学校での筆順指導では、②の「たて跳ね」を最後にする書き順で教えています。わたしは口唱法で「にんべんに　よこいち　くちで　たて跳ねる」と唱えながら書くようにさせています。

なぜ②の書き順なのか、それは早書き、すなわち「何」の崩し字、続け字を書いてみればわかります。「にんべん」から「よこいち」に続き、「よこいち」から「口」へ行って「たて跳ね」で終わるという書き方ですと、その字を崩しても、崩し方が一定していますから、だ

れにもわかります。

同じように、「寸」を「よこぼう」で「てん」をつけてから「たて跳ね」に行ったらどうなるでしょう。不自然な書き方だと思わない人はいないでしょう。「寸」の略し字（行書化）はひらがなの「す」です。「寸」が「よこぼう」から「たて跳ね」に行き「てん」で終わる形を崩したものが、ひらがなの「す」であることはご承知の通りです。

漢字の筆順には右手で書くことを想定して、「左から右へ」「上から下へ」という大原則があります。「何」や「寸」もその原則に沿っています。

「何」は左側の「にんべん」を書いてから「可」の部分へ、その「可」も「よこぼう」のあと「口」を書いてから右側の「たてはね」へ、ということになりますし、これは「可」の行書化「ｱ」という字になります。

「よこぼう」と「たてぼう」が交わっている漢字は、ほとんどの場合、よこぼうを先に書く（「筆順のきまり」原則1）という決まりによって、「寸」も「よこ　たて跳ね　てん」の順になります。

それぞれの字を実際に書いてみれば自然にスムーズに筆が運べるか、違和感をもつかということがわかります。違和感のない書き方、だれもが納得する書き方、これが「書き順」が固定していく経過だろうと思います。「筆順の決まり」などというと、強制のように聞こえますが、そうでもなく、理屈に合ったものなのです。

それなのに、先の幼児の実験の例でもわかるように、自分の書きたいように書いていくということになると、字形も整わなくなり、速書きしたとき読めなくなるおそれもあります。同じ略すにしても誰でも同じように見える字形（概形）にするために、略し方を同一にしておく必要があります。

崩した字でなく、楷書で書いたつもりでも書き順が違うと字の形が作れないということもあります。「必」を「心」を書いてから「ノ」をつける書き方で書くと、「必」の形にはなりません。「飛」も書き順が違うと筆の運びにぎこちなさが残ります。

このように種々の要件を考えてみると、文字指導の初歩段階に一定の決まりに従った書き方をさせることが、学習の効率化につながることは明白です。書き終った字体が正しければ、どういう順で書こうがよいではないかという意見もないではないですが、漢字は「山」や「川」ばかりではありません。複雑な組み合わせの字がたくさんあります。結局、一定の筆順に従って書くことが漢字を覚えやすくするのです。

「大原則」は決まりではない

先にも触れましたが、筆順の大原則といわれる「**上**（の部分）**から下**（の部分）へ」「**左**（の部分）**から右**（の部分）へ」という考え方について、異論を挟む人はいないと思います。そういわれなくとも、普通、右利きの人は自然にそう書いています。その書き方を振り返ってみると、大きなところでは間違いなく、だれもが「上の部分から下の部分へ」「左の部分から右の部分へ」という書き方をしているのです。

次を見てください。
◆「上から下へ」……音・二・三・元・言・着・貴・希・苦・貢・家・華・古など
◆「左から右へ」……川・射・位・移・伊・得・胡・絵・枝・江・雄・緒・科など
これは、「上下型」の字と「左右型」の字を少しだけ抜き出してみたのですが、細かいところはともかくとして、「決まり」などといって取り立てて挙げるようなことでもないようなものばかりです。

「音」を書くとき、「日」の部分を先に書いて、その上に「立」をのせる人はいません。また「立」にしても「亠」を書いてから「ソ」を書き、それから下の「一」を書きます。それが自然の筆の運びであり、普通の書き順です。ですから「音」は「てんいち　ソいちで　日を下に」という順で唱えながら書けばよいのです。

この「音」という字の右側（旁部分）に人員の「員」をつければ「韻」という字になります。「韻を踏む」「韻を押す」などというときの「韻」です。「音の響き」の意味です。一九画もある字ですから、一見難しい字のように思うかもしれませんが、見方・考え方を変えて、「韻」という漢字を見れば左側（偏部分）の「音」に「員」を添えればよいわけですし、この「員」も「上から下へ」の原則によって、「口《くち》」を書いてからその下に「貝」を書くということになります。これは原則などといわなくても「慣れ」ですし「常識」だともいえます。

唱えながら書くとすれば「てんいち　ソいちで　日を下に、右に口《くち》書き　貝を書く」と言いながら書けばよいのです。あるいは「立つ日に口《くち》と貝」でよいのです。

一見複雑そうに見える漢字もじっくり眺めると、案外知っている字の組み合わせでしかないというものが多いものです。こうして考えれば「筆順の決まり」とはいっても、そんなに難しいものでもこわいものでもないことがわかります。

字数が増えると大原則だけではまかなえない

「筆順の決まり」は、そんなに難しいものでもこわいものでもないといいましたが、こういうと、少し嘘《うそ》になります。と、いっても、画数が多くて複雑な字が多いからではありません。むしろ、単純な字、画数の少ない字が曲者なのです。例を挙げてみましょう。

「田」の中の「十」は「たて　よこ」の順なのでしょうか、それとも「よこ　たて」の順なのでしょうか。また、中の「十」部分は「口」を書いてから「十」を書くのでしょうか、それとも「冂」を書いて、中に「十」を入れて、最後に「底をふさぐ」のでしょうか。こんな単純な「田」でさえも二つも疑問が出てしまいます。

さらには「処」「起」などは「にょう」のある字ですが、「左から右へ」の原則に沿って「にょう」を先に書いてから「几」「己」を書いています。しかし「遊」は真ん中の「方」を書いて、次に「ノいち　子」を書いて、最後に「しんにょう」を書きます。「遊」ばかりでなく「遠」「近」などの「にょう」(しんにょう)のある字も「しんにょう」を最後に書くようです。どうしてなのでしょうか。

先に「……こういうと、少し嘘になります」と書いたわけがわかったでしょうか。漢字の数が多くなれば、漢字そのものの組み立て（組み合わせ）も複雑になり、画数も多くなってきます。すると、それに伴って約束も細かくしておかないと大原則の「上の部分から下の部分へ」「左の部分から右の部分へ」だけではまかなえなくなってきます。そこでもう少し細かい決まりを作って、その決まりによって、みんなで「こんな約束で書き慣れていきましょうよ」ということになるわけです。これが「筆順の決まり」なのです。

文部科学省の回し者のような言い方になりますが、結局、「筆順の決まり」という約束を守れば、だれでも「正しく速く、読みやすく整えて、丁寧に美しい」字が書けるようになり、形も違わず読みやすく、書きやすくなるというわけです。

①その字の全体を書き上げる上に、最も順序良く、すなわち無駄がなく、筆が運ぶ。
②その結果、出来上がった字形も格好がよい。
③そうした自然の筆順によると早く書ける。
④しかも覚えやすい。

ということが「筆順の決まり」を設定した意義だといえそうです。

そこで次の章では、小学生が習っている「筆順の決まり」を、なるべくわかりやすく解説しようと思います。

第十章

口唱法による「筆順の決まり」早わかり

漢字の見方とそのコツ

漢字の概形（外形）は、「左右型」「上下型」「その他型」という三つの型に見ることが出来ます（詳しくは本シリーズ①『日本の漢字・学校の漢字』参照）。一つひとつの漢字を見るとき、その漢字はこの三つの型のどれに相当するかということを考えます。それが分かれば、この漢字は「筆順の決まり」の大原則、「上の部分から下の部分へ」書いていくというのに当てはまるのか、「左の部分から右の部分へ」書いていくというのに当てはまるのかが分かります。これが分かれば、この段階で突拍子もない大それた失敗はなくなります。

もう一度、先ほどの「韻」という字をじっくりと眺めてみてください。「韻」は「音」と「員」を合わせた「左右型」の字で、しかも左側の「音」部分は「立」と「日」の「上下型」、そして右側の旁部分も「口」と「貝」の「上下型」だとわかります。この四つの部品「立・日・口・貝」はすべて一年生で習う漢字ばかりです。

しかも文字には、どんなに複雑な文字であっても、始筆（書き始め）は「一」「｜」「ノ」「、」の四種類だけしかないことも前に述べました。

「韻」についてまとめましょう。

①概形が左側と右側から成る「左右型」。

②偏の部分の「音」が「上下型」で、上の部分は「立」だから「、」から書き始め、下の部分は「日」だから「｜」から書き始める。

③旁の部分の「員」も「上下型」で、上は「口」だから「丨」から書き始め、下は「貝」
だから「丨」から書き始める。

これだけわかれば、だれが書いても筆順を間違うことはないはずです。
それなのに、子供の中には、まだ習わない字だからわからないとか、知らなくて当然だというような顔をする子がたくさんいます。「韻」という字は習っていなくても、「韻」の構成部分であるところの「音」と「員」は既習の漢字で、知っているはずです。たとえ未習だとしても「音」と「員」の筆順は容易にわかることです。

転移力、転移力といいながら、掛け声ばかりの学校教育の貧困さなのか、それとも親の家庭教育のまずさなのかわかりませんが、自分の持てる知識で考えてみようという意思が働かない子供が多いようです。こうした漢字の見方が身につきさえすれば、そんなに筆順は難しくないといえそうだと思うのですが……。

こうした「漢字の見方」ということの中身を繰り返して述べれば、漢字の概形は「左右型」「上下型」「その他型」の三つであり、そして、それぞれの型に始筆が四つあるということです。ですから、書き始めは次の一二通りのうちのどれかということになります。

①「左右型」の「一」か、「丨」か、「ノ」か、「丶」か。
②「上下型」の「一」か、「丨」か、「ノ」か、「丶」か。
③「その他型」の「一」か、「丨」か、「ノ」か、「丶」か。

実際の配当漢字でこの分類を見てみようと思いますが、教育漢字一〇〇六字をすべてここに挙げるのは大変ですから、最も漢字数の少ない一年生の配当漢字を分類してお見せすることにします。一年生の配当漢字は八〇字ですから分類にもたいした手間はかかりません。

①「左右型」で「一」から……校　村　林
「左右型」で「丨」から……町
「左右型」で「ノ」から……休　竹　八
「左右型」で「丶」から……(ナシ)

②「上下型」で「一」から……花　三　森　青　草　二　百
「上下型」で「丨」から……貝　見　早　足　男
「上下型」で「ノ」から……糸　先　白
「上下型」で「丶」から……音　学　空　字　六

③「その他型」で「一」から……一　雨　王　下　玉　犬　五　左　子　耳　七　車　十
正　赤　石　大　天　土　木　本　力
「その他型」で「丨」から……円　口　山　四　出　小　上　水　中　虫　田　日　目
年
「その他型」で「ノ」から……右　気　九　金　月　手　女　人　生　夕　川　千　入
「その他型」で「丶」から……火　文　名　立

こうして分けてみると、

◆「左右型」の漢字は……七字

◆「上下型」の漢字が…………二〇字
◆「その他型」の漢字が…………五三字
この八〇字を始筆分類してみると
◆「一」から書き始める字が……三二字
◆「丨」から書き始める字が……一九字
◆「ノ」から書き始める字が……二〇字
◆「、」から書き始める字が……九字
というわけで、「ノ」から書き始める字が比較的に多いことがわかります。

とはいっても、この「ノ」から始まる二〇字をみても、書き順が難しくて「ノ」の次にどれを書くのかわからないという字はなさそうです。一年生で習う字だからということではありません。筆順というものが突拍子もない順序で書くことを要求しているのでないことの証拠です。

難しいのは、例えば「粛」「馬」「九」などのように、いくつかの特殊な文字だけです。

筆順の決まり早覚え

筆順はだれもが正確で整った字を書くための、書き順の約束事だということを先に述べましたが、再度ここでも……。

①その字の全体を書き上げる上で、最も順序良く、すなわち無駄がなく、筆が運ぶ。
②その結果、出来上がった字形も格好がよい。
③そうした自然の筆順によると早く書ける。
④しかも覚えやすい。

そうしたことを考えて作られたものだともいいました。そしてさらには、楷書の場合「左から右へ」「上から下へ」「外側から内へ」というのが基本の決まりになっていることも述べました。行書ではこうしたことから外れるものもありますが、現在も一人歩きをしている『筆順指導の手引き』（旧文部省・一九五八年刊）というのは、もともと教育漢字を学習する子供たちの指導指針として刊行されたものであり、現在、代わりになるものがないので、それを常用漢字にも転用しようというものです。

「大原則」が[1]と[2]の二つ。「原則」が[1]から[8]まで、ほかに「特に注意すべき筆順」という構成になっています。国としては筆順として決まったものがあるような、ないような感じで、これについては、国及び文部科学省、国立国語研究所は、部首および部首分類とともに、あまり触れたくない様子です。

それはともかくとして、一般的には通用している筆順ですから、ここで一度、頭の中に整理し直しておくのは意義あることだと思います。

資料 「筆順の決まり」の内容

この項では『筆順指導の手引き』（前掲）をもとに、わかりやすく一年生の配当漢字を主として使用しながらまとめます。

「口唱法」による唱え方の中で「 」の部分は項目の該当部分を表します。

Ｉ「上から下へ」と「左から右へ」

◈1 上から下へ〔**大原則1**〕…「上下型」や「その他型」の字は、「文字の上（上部）から下（下部）へ」と書きすすめます。

❶「上の点画から」書く例

❖音……「てん」いち　ソいちで　日を下に

❖文……「てん」いちで　左に払って　右払い

❖六……「てん」いちで　かなのハを書く

❖字……ウを書いて　子供の子（うかんむりに　子）

❖空……うかんむり　ハをまげたら　かなのエつける

❖学……「ツ」に　ワ（冖）をつけて　子供の子

❖言……「てん」いち　よこ　よこ　口を書く

❖花……「よこぼう」書いて　たて二本　ノに　たてつけて　たてまげ跳ねる
❖草……くさかんむりに　日を書いて　十（じゅう）
❖天……「よこぼう長く」短いよこぼう　そして最後に人を書く
〈「上の点画から」に含まれる字〉雲　寺　矢　声　走　両　悪　など

❷「上の部分から」書く例
❖三……真ん中短く「よこぼう」三本
❖青……「よこ」たて　よこ　よこ　月を書く
❖森……「木を書いて」左に木を書き　右にも木
❖赤……「よこ」たて　よこで　立てたノに　たてぼう跳ねたら　かなのハつける
❖喜……「士」ロ　ソ　一　ロ
〈「上の部分から」に含まれる字〉電　買　売　客　去　集　習　築　など

◇2◇左から右へ〔大原則②〕……文字は「左側から右側へ」と書きすすめます。

例1「八」や「川」のように、左から右に並んでいるたて画や点も「左から」書きます。
❖一……「よこぼう」一本　左から
❖八……「左に払って」右払い（ノを書いたら　㇏を書く）
❖六……てんいちに「カタカナのハをつける」
❖川……「立てたノに」真ん中たてぼう　右たて長く

❖州……「てん」ノ　てん　たて　てん　たてぼう
❖雨……よこ　たて　かぎ跳ね　中にたて「左にてんてん　右てんてん」
❖小……たてぼう跳ねて「左にチョンで　右にもチョン」
❖四……たて　かぎ「ノをたて　たてまげて」そして最後に底閉じる
❖火……「ちょん　ちょんで」左に払って　右払い
〈「左側から右側へ」に含まれる字〉竹　海　活　順　魚（下の「てん」部分）など

例2「校」や「村」のように、左右型の字は「左側の部分」（偏）を書いてから「右側の部分」（旁）を書きます（偏から旁へ）。

❖校……「よこぼう　たてで　ノを書き　てん」てんいち　ハを書き　左右に払う
❖村……「木へん書き」よこ　たて跳ねて　てんつける
❖林……「木へんを書いて」木をつける
❖町……「たんぼの田」よこぼう書いたら　たてぼう跳ねる
❖休……「イを書いて」漢字の木
❖竹……「ノいちの　たてで」ノいちの　たて跳ね
❖羽……かぎを跳ねたら　ンを書き　かぎを跳ねたら　ンを書く
〈「左側の部分」からに含まれる字〉引　歌　教　場　北　理　好　語　なども

例3 左　中　右の三つの部分から出来ている漢字も「左から右へ」書きます。

❖湖……「さんずいに」古い　月

❖街……「ノイと書き」よこたてよこの　土二つ　よこぼう二本で　たて跳ねる

〈含まれる字〉側　測　例　働　術　衛　謝　郷　織　縦　なども

例4 「森」や「花」のように、「上下型」の漢字であっても、上部か下部が「左右型」の場合、「その部分は左から」書きます。

❖森……木を書いて「左に木を書き」右にも木

❖花……よこぼう書いて　たて二本「イに」ノを書いて　たてまげ跳ねる

❖赤……よこ　たて　よこで　たてたノに　たてぼう跳ねたら「ハをつける」

〈含まれる字〉

上部が「左右型」の例……貨　笑　節　悲　整　型　禁　賛　勢　警　潔　製　聖

覧　盟　など

下部が「左右型」の例……品　荷　命　落　厳　罪　最　など

例5 「学」や「単」のように「左右型」でなくても「ツ」（ツかんむり）を持つ字の「ツ」

❖単……「ツ」を書いて　平たく日を書き　よこ　たてぼう

〈含まれる字〉覚　厳　挙　労　巣　栄　営　図　悩　戦　採　桜　など

Ⅱ「よこが先」と「たてが先」

◈1 よこが先〈原則1〉…漢字はたて画とよこ画が交わっている漢字は、ほとんど「よこ画を先」に書きます。「原則2」と「原則7」の〈例外〉は別です。

◆一年生配当漢字で「始筆」が「よこぼう」の字

大 天 耳 左 正 犬 木 本 林 森 村 校 花 草 青 雨
石 土 赤 王 車 玉 一 二 三 五 七 十 百 下 子 力

これらの字についてもう少し詳しく述べると、次のような漢字（または部分）は、よこ画とたて画が交わっていても「よこ画を先」に書きます。どちらが先でもよいではないかといわれそうですが、書きの習慣として覚えるほか仕方ありません。

例1「校 村 林」のように、たて画とよこ画が交わっている漢字は、ほとんどの場合「よこ画を先」に書きます。

①「七」のように、たて画が交わったあとでよこに曲がってもよこ画を先に書きます。

❖七……「よこぼう」書いて たてまげる

❖大……「よこぼう」で 左に払って 右払い

〈含まれる字〉切 太 央 地 池（也の部分）夫 規 など

②「先」のように、前後に他の点画が加わってもよこ画とたて画が交わっているところは

「よこ画のほうを先」に書きます。

❖先……ノ「いち」の　たてで　よこ長く　下にノをつけ　たてまげ跳ねる

❖本……「よこ」たて書いて　左に払って　右払い　そして最後に根元によこぼう

❖告……ノ「いち」で　たて　よこ　口をかく

〈含まれる字〉任　寸など

③後に書くたて画が二つ、または三つ以上になっても、「よこ画を先」に書きます。

ⓐ後に書くたて画が二つの例

❖共……「よこ」たて　たて　よこ　ハをつける

〈含まれる字〉供　恭　昔　黄　散　満　港　甘など

ⓑ後に書くたて画が三つ、四つの例

❖帯……「よこぼう」に　たてぼう三本左から　そして底で　ワを書いて　たて　かぎ跳ねて　たてぼう長く

❖無……ノ「いち」と書いて　よこぼう長く　たてぼう四本左から　よこぼう引いたらてん四つ

〈含まれる字〉滞　棄など

例2「井」のように、先に書くよこ画が二つ、または三つ以上になっても、「よこ画のほうを先」に書きます。

❖井……「よこぼう」二本で　ノに　たてぼう（よこ画が二つの例）

❖耕……「よこぼう」三本　たて　ちょんちょん　よこぼう二本に　立てたノ　たてぼう（よこ画が三つの例）

〈含まれる字〉用　通　痛　夫　春　実　毛　など

例3　よこ画が二つ、たて画も二つある漢字も、「二つのよこ画を先」に書きます。

❖囲……同がまえ「よこ」よこ　ノを書き　たて書いて　そして最後に　底閉じる

❖形……「よこぼう」二本　立てたノ　たてぼう　そして隣に　ノが三つ

〈含まれる字〉型　研　など

②たてが先〈原則2〉…よこ画とたて画が交わっても、「たて画を先に書く」ものがあります。

◆一年生配当漢字で「始筆」が「たてぼう」の字

目　見　口　足　出　虫　貝　円　日　早　水　山　田　男　町　上　小　四　中

次のような漢字（または部分）は、よこ画とたて画が交わっていても「たて画を先」に書きます。どちらが先でもよいではないかといわれそうですが、書きの習慣として覚えるほか仕方ありません。

①「田」を含む字

❖田……たて　かぎ「たて」で　よこ二本
❖男……たて　かぎ「たて」よこ　底閉じて　かぎまげ跳ねて　ノをつける
❖町……たて　かぎ「たて」よこ　底閉じて　よこぼう書いたら　たて跳ねる
〈含まれる字〉苗　界　細　思　畜（下部）など
②「由」を含む字
❖由……たて　かぎ「たて」で　よこ二本
〈含まれる字〉油　横　画　届　宙　など
③「角」を含む字
❖角……ク　ノ　かぎ跳ねて「たて」よこ二本
〈含まれる字〉解　触　など
④「再」や「冓」を含む字
❖再……よこぼうで　たて　かぎ跳ねて「たて」よこ二本
〈含まれる字〉講　溝　購　構　など
⑤「王」を含む字
❖王……よこ「たて」よこ　よこ
＊「様」は「木を書いて　ソによこ三本　たてを跳ね　左にンで　右にはく」（「王」ではない）
〈含まれる字〉玉　主　美　差（「ソ」の次の部分は、よこ三本ではない）など
⑥「隹」を含む字

❖隹……イを書いて　てんいち「たてで　よこ三本」

〈含まれる字〉雑　権　確　観など

⑦「馬」を含む字

❖馬……たて　よこ「たて」で　よこ二本　かぎまげ跳ねて　てん四つ

〈含まれる字〉駅　験など

⑧「青」の上部を含む字

❖青……よこ「たて」よこ　よこ　月を書く

〈含まれる字〉責　生　麦　清など

Ⅲ「貫くたてぼう」と「貫くよこぼう」

◈①貫くたて画は最後に書く〔原則6〕…【たて画が先】とはいっても、「中」や「車」のように、「字の全体を貫くたて画は最後」に書きます。

①次のような字は、「たて画を最後」に書きます。

❖中……たて　かぎ　よこで「たて」通す（平たい口で　たてを書く）

❖車……よこいち　日　いち「たて」おろす

〈含まれる字〉申　半　事　神（旁部分）串など

②下が止まっていても、上が止まっていても、「たて画は最後」に書きます。

ⓐ下が止まっている例

❖妻の上部…よこいちで　ヨの中長く「たて」書いて　下に漢字の女をつける

〈含まれる字〉書 など

ⓑ上が止まっている例

❖年……ノいちの　よこで　たて　よこぼう　そして最後に「たておろす」

❖手……ノを書いて　よこぼう二本「たてまげ跳ねる」

❖雨……よこ　たて　かぎ跳ね「中にたて」左にてんてん　右てんてん

❖平……よこを書き　ソに　よこいちで「たて」下ろす

❖争……クを書いて　ヨの中長く「たてまげ跳ねる」

〈含まれる字〉了　予　羊　評　洋　拝（旁部分）など

③ただし、「里」や「黒」のように、上にも下にも突き抜けないたて画は、上の部分、たて画、下の部分の順で書きます（一年生配当漢字中には該当字なし）。

❖里……日を書いて「たてぼう」引いたら　よこ二本

❖黒……平たい日「たてぼう」真ん中　よこ二本　下に並べたてん四つ

〈含まれる字〉量　野　垂　郵　重　動　謹　勤 など

❷貫くよこ画は最後に書く〈原則7〉…ふつうの「よこぼう」のように見えますが【貫くよこ画は最後】に書きます。

①「女」のように、字の全体を「貫くよこ画は最後」に書きます。

❖女……く　ノ　「一」（いち）

❖本……よこ　たて書いて　左に払って　右払い　そして最後に根元に「よこぼう」

❖子……カタカナのフを書いて　たてまげ跳ねて　「よこ」長く

❖字……うかんむり　フに　たてまげ跳ねて　「よこぼう」長く

〈含まれる字〉母　与　舟　安　毎　桜　など

②「世」の形だけは、この「よこ画を最初」に書きます。

❖世……「よこ」を書き　たて　たて　底閉じ　たてまげる（廿　たてまげる）

〈含まれる字〉葉　棄　など

Ⅳ「中が先」と「外が先」と「左払いが先」

❶中が先〈原則3〉…「左・中・右」の三つの部分に分けられる漢字（または部分）は【中を先】に書きます。

①中がたて画で、左右が一画か二画くらいの場合は「中を先」に書きます。

ⓐ「小」を含む字。

❖小……「たてぼう跳ねて」左右に払う

❖糸……く　ムと続けて「たて跳ね」ちょん　ちょん

〈含まれる字〉少　省　京（下部）示　宗　尚　尖（上部）など

ⓑ「党」の上部は「中を先」に書きます。

❖光……「たて」ちょん　ちょん　よこぼう　ノを書き　たてまげ跳ねる

❖当……「たてぼう」ソを書き　ヨをつける

❖堂……「たて」ちょん　ちょん　冖かんむりに　口と　土

❖党……「たてぼう」ソを書き　ワ（冖）に　兄を書く

〈含まれる字〉尚　賞　嘗　消　掌　宵　梢　など

ⓒ「水」を含む字は「中を先」に書きます。

❖水……「たてぼう跳ねて」フを書いて　左に払って　右払い

〈含まれる字〉永　泳　詠　緑　録　衆（下部）など

②「赤」の下部のように、中のたて画が二本になっても、「中を先」に書きます。

❖赤……よこ　たて　よこで「立てたノ　たて跳ね」そして最後にかなのハつける

❖業……「たて　たて」ちょんちょん　よこ　ちょんちょん　よこぼう三本　たて　ちょんちょん

〈含まれる字〉変　など

③中の部分が少し複雑になっても「中のほうを先」に書きます。

❖楽……「白」を書き　ン　く　と続けて　下には木

❖遊……「てんいちで　かぎまげ跳ねて　ノを書いて」ノいちに　子を書き　しんにょうつける

〈含まれる字〉薬　承　率　粛など

④〈例外〉「りっしんべん」と「火」（火へん）だけは「中を最後」に書きます。

ⓐ「忄」……左から「チョン　チョン」たてぼうを書く（ソで　たてぼう）

〈含まれる字〉性　怪　快　忙　悴　怖　恒　悦など

ⓑ「火」……左から「チョン　チョン」人を書く（ソを書いて　人）

〈含まれる字〉秋　灰　灯　炎　炭　焚など

◈② 外が先〈原則④〉…外側が囲んでいるような形の漢字は「外側を先」に書きます。

①「円」や「月」のように、外側に囲まれているような形の漢字は「外側を先」に書きます。

❖円……「たて　かぎ跳ねて」たて　よこ入れる

❖月……「たてたノで　かぎまげ跳ねて」よこ二本

❖目……「たてぼう　かぎで」よこぼう二本　そして最後に底ふさぐ

❖見……「たて　かぎ書いて」よこ三本　下にノを書き　たてまげ跳ねる

❖貝……「目を書いて」ハをつける

❖雨……よこ「たて　かぎ跳ね」中にたて　左てんてん　右てんてん

❖気……ノに　よこ二本「かぎまげ跳ねて」中にカタカナ　メをいれる
〈含まれる字〉同　内　肉　納　国　因　司　羽　田　など

②〈例外〉……「はこがまえ・かくしがまえ・けいがまえ」などと呼ばれている部分を持つ字は、次のように書きます。

❖区……よこを書き　中に「メ」を書き　たてまげる
❖医……よこを書き　中に「矢」を書き　たてまげる
〈含まれる字〉匹　匡　匠　匿　など

③左払いが先〈原則5〉…「文」や「人」のように、左に払う画と右に払う画が交わったり、接したりしている漢字は「左に払うほうを先」に書きます。

①「文」のように交わる場合
❖文……てんいちで「左に払って　右払い」
〈含まれる字〉父　故　支　友　収　処　など

②「人」のように接した場合
❖人……「左に払って　右払い」（ノを書いて　右払い）
❖入……「左に払って　右払い」
❖金……「ひとやねに」よこ　よこ　たてで　ちょんちょん　よこぼう
❖久……かなの「クに　右払い」

〈含まれる字〉夫　欠　会　合　今　全　舎　捨　倉　念　命　余　令　冷　条　など

④短い方が先〈原則 8 〉…よこ画と左の払う画が交わるときは、「短い方の画を先」に書きます。

①「右」のように、払う画が短くよこぼうが長いときは、「左払いから先」に書きます。

❖右……「ノ」に　よこぼうで　口を書く（ノ　一　口）

〈含まれる字〉有　布　希　成　産　誠（「戈」のつく字は感　威　減　滅などのように、すべて「ノ　一」の順になる）

②「左」のように、よこ画が短く払う画が長いときは「よこ画から先」に書きます。

❖左……「よこいち」ノを書き　エをつける（一　ノ　エ）

〈含まれる字〉友　存　在　抜　石　原　厚　岸　岩　炭　厳　鉱　席　広　庁　庄　序　床　底　店　度　庫　座　庭　など、「广」の部＝疫　痛　痘　痰　痴などはすべて「亠　ノ」の順）

Ⅴ その他の大事なこと

①特に注意すべき筆順…以上の「大原則」と「原則」で説明出来ないものが六項目あります。

①左側に払う画にも、【先に書く】ものと【後から書く】ものとがあります。
「ノ」を先に書く……九　及　丸など
「ノ」を後に書く……方　刀　カ　功　万　別（?の下部）など
②「にょう」にも【先に書く】ものと【後から書く】ものとがあります。
「にょう」を先に書く……「夂」（処）、「走」（起）、「免」（勉）、「是」（題　匙など）
「にょう」を後に書く……「しんにょう」（遠　近など）、「えんにょう」（延　建など）
③「たてまげ」は後で書く……「たてまげ」（直　値　植　殖）など
④「うけばこ」は後で書く……「凵」（画　悩　脳　胸）など
⑤「たれ」は先に書く
「がんだれ」……圧　灰　反　厚　原　願など
「まだれ」……応　広　床　庄　席など
「やまいだれ」……病　痛　症　疫　疲など
⑥「卩」と「ア」の違い……「服」や「報」の旁「卩」は「かぎ跳ね　たてぼう」の順だが、「皮」や「波」の旁「皮」の部分は「立てたノ　よこ跳ね」の順になる
「かぎ跳ね　たてぼう」の順のもの……報　服　卯　印　却　即　卵　卸など
「立てたノ　よこ跳ね」の順のもの……皮　波　破　彼　披など

◇2 筆順が二つ以上あるもの…昔からの筆順が二つ以上あって、紛らわしいものをまとめます。

①「止」に準じた「上」

ⓐ「上」……たてぼう　よこで　よこ長く（中心が整えやすい）

ⓑ「上」……よこぼう　たてで　よこながく（行書では多く用いられる）

〈含まれる字〉点　店　止　正　足　走　武　など

②「耳」……単独の場合はⓐを用いる

ⓐ「耳」……よこ　たて　よこよこ　もちあげて　そして最後にたて下ろす

ⓑ「耳」……よこ　たて　たてで　よこ二本　そして最後にもちあげる

③「必」……いろいろあるがⓐが最も形が整えやすい。

ⓐ上のてん　ノを書き　すくって跳ねてから　左にてんで　右にもてん

ⓑノを書いて　すくって跳ねて　上のてん　左にてんで　右にもてん

ⓒ心を書いて　ノをつける

〈含まれる字〉取　最　職　厳　など

〈含まれる字〉秘　密　泌　など

④「発がしら」……ふつうはⓒを用いる

ⓐ「発」……フに　てんつけて　ちょんちょん書いて　右に払って　元に似せ（癶）

ⓑ「発」……フに　てんつけて　右払い　ちょんちょんつけて　元に似せ（癶）

ⓒ「発」……フに　てんつけて　ちょん　右払い　またチョンつけて　元に似せ（兀）
⑤「祭がしら」……ふつうは「原則5」に準じてⓐを用いる
ⓐ「祭」……タに　てんつけて　小さくフ　右に払って　示す書く
ⓑ「祭」……タに　てんつけて　右払い　小さくフをつけ　示す書く
⑥「感」……ふつうはⓐを用いる
ⓐ「感」……ノに　よこいちで　いち　口書いて　たすきを書いたら　心を下に
ⓑ「感」……よこぼう　ノを書き　いち　口書いて　たすきを書いたら　心を下に
ⓒ「感」……ノに　よこいちで　いち　口書いて　心を書いたら　たすきがけ
⑦「馬」……ふつうは「原則2」に準じてⓐを用いる
ⓐ「馬」……たて　よこ　たてで　よこ二本　かぎまげ跳ねて　てん四つ
ⓑ「馬」……よこ　たて　たてで　よこ二本　かぎまげ跳ねて　てん四つ
⑧「興」……ふつうは「大原則2」に準じてⓐを用いる
ⓐ「興」……「同」部分を先に書きます
ⓑ「興」……「左側・中・右側」の順で書きます
⑨「無」……ふつうは「原則1」に準じてⓐを用いる
ⓐ「無」……ノいちの　よこで　たて四本　よこぼう引いて　てん四つ
ⓑ「無」……ノいちの　よこ　よこ　たて四本　そして終わりにてん四つ

下村　昇（しもむら・のぼる）

1933年東京都に生まれる。東京学芸大学国語科卒業。東京都の公立小学校教員となり、漢字・カタカナ・ひらがな・数字の「唱えて覚える口唱法」を提唱。東京都立教育研究所調査研究員、国立教育研究所学習開発研究員、全国漢字漢文研究会理事などを歴任する。現在、「現代子供と教育研究所」所長。独自の「下村式」理論で数々の辞書や教育書、副読本などを執筆。著書は100点以上に及ぶが、中でもシリーズ『下村式・唱えて覚える漢字の本』（学年別、偕成社）は刊行以来400万部を突破している。

ホームページ　http://www.n-shimomura.com/

下村昇の漢字ワールド3

口唱法とその周辺

●二〇〇六年　四月　一日――第一刷発行

著　者／下村　昇

発行所／株式会社高文研

東京都千代田区猿楽町二―一―八

三恵ビル（〒一〇一＝〇〇六四）

電話　03＝3295＝3415

振替　00160＝6＝18956

http://www.koubunken.co.jp/

本文レイアウト・DTP／㈱キャデック

装丁／井上　登志子

印刷・製本／三省堂印刷株式会社

★万一、乱丁・落丁があったときは、送料当方負担でお取りかえいたします。

ISBN4-87498-359-6　C0037

人のからだからできた漢字

女やこどものかたちのいろいろ

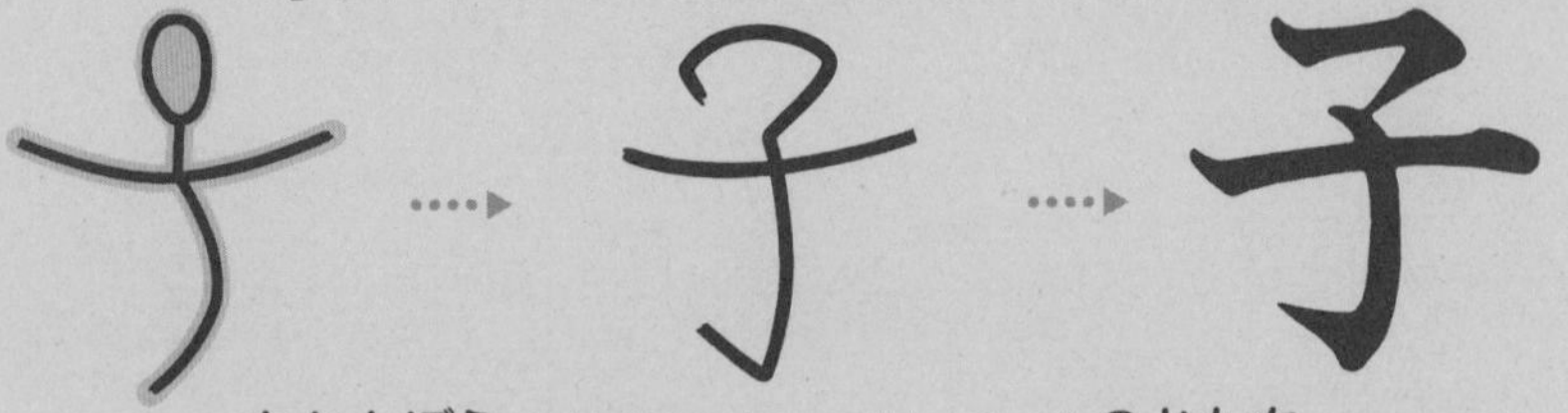

あかんぼう（足はおむつにつつまれている）**のかたち**

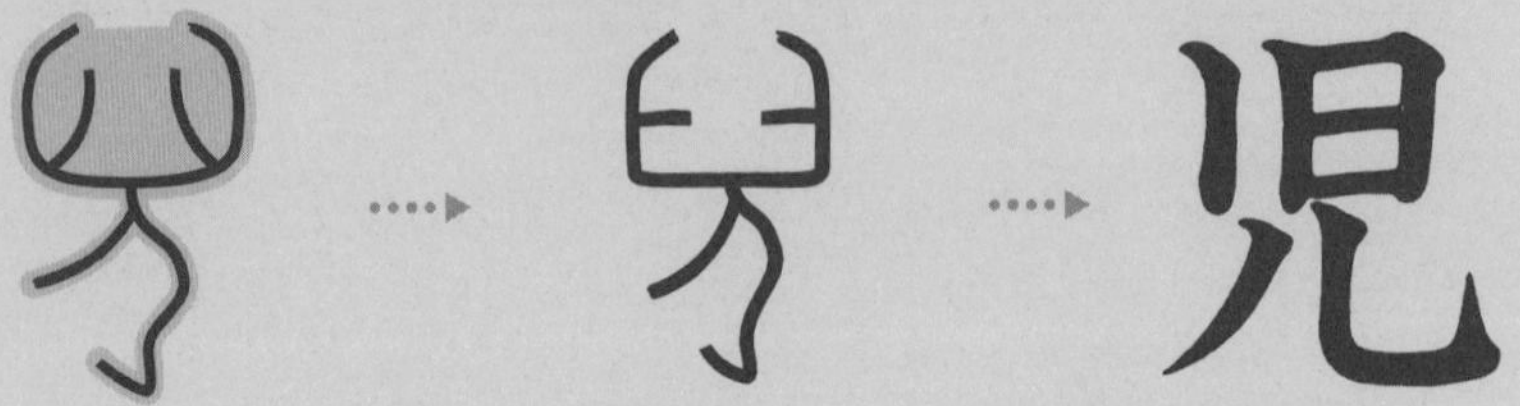

小児（頭の骨がまだあわさっていない）**のかたち**

両手をくんでひざまずく女の人のかたち

おなかに子を宿している人の横むきのかたち

女が一人前になり乳房のついたかたち